Gilles Deleuze zur Einführung

Michaela Ott

Gilles Deleuze zur Einführung

JUNIUS

Junius Verlag GmbH
Stresemannstraße 375
22761 Hamburg

Umschlaggestaltung: Florian Zietz
Titelfoto: Raymond Depardon/Magnum
Agentur Focus
Satz: Junius Verlag GmbH
Printed in the EU 2021
ISBN 978-3-88506-603-3
4., unveränderte Auflage 2021

Bibliografische Information der Deutschen Nationalbibliothek
Die Deutsche Nationalbibliothek verzeichnet diese Publikation in der Deutschen Nationalbibliografie; detaillierte bibliografische Daten sind im Internet über http://dnb.dnb.de abrufbar.

Inhalt

Einleitung 9
»Werden« als Programm 9
Rezeption in Deutschland 14
Denken als Freundschaftsakt 18
Methode der Wiederholung und Differenzbildung 25

1. **Was ist Philosophie?** 33
Begriffe bilden und Pläne zeichnen 33
Strukturalismus und Poststrukturalismus 42

2. **Frühe Lektüren philosophischer Denker** 49
Affekt und Einbildungskraft 49
Vitalistische Wertsetzung, genealogische Kritik 54
Vervielfältigung von Stimme und Zeit 59
Differenz- und Sinnproduktion 64

3. **Lektüren literarischer Texte** 81
Passion und Pathologie 81
Dekonstruktionen des Gesetzes 84
Nomadisierende Schriftverfahren 93

4. **Post-68er-Schriften zur Philosophie** 97
Kollektive Wunschproduktionen,
Gruppenphantasien, plurale Äußerungssubjekte 97
Geo-Graphismus, Wissensritournelle,
Werdenstugenden und Nomadologien 106

Körper und Falten 116
Archiv und Karthographie 120

5. **Schriften zu Malerei und Film** 125
Haptische Figuren 125
Bewegungs- und Zeit-Bilder 128

Anhang
Anmerkungen 143
Literatur 148
Zeittafel 156
Über die Autorin 159

Zur Einführung …

… hat diese Taschenbuchreihe seit ihrer Gründung 1978 gedient. Zunächst als sozialistische Initiative gestartet, die philosophisches Wissen allgemein zugänglich machen und so den Marsch durch die Institutionen theoretisch ausrüsten sollte, wurden die Bände in den achtziger Jahren zu einem verlässlichen Leitfaden durch das Labyrinth der neuen Unübersichtlichkeit. Mit der Kombination von Wissensvermittlung und kritischer Analyse haben die Junius-Bände stilbildend gewirkt.

Von Zeit zu Zeit müssen im ausufernden Gebiet der Wissenschaften neue Wegweiser aufgestellt werden. Teile der Geisteswissenschaften haben sich als Kulturwissenschaften reformiert und neue Fächer und Schwerpunkte wie Medienwissenschaften, Wissenschaftsgeschichte oder Bildwissenschaften hervorgebracht; auch im Verhältnis zu den Naturwissenschaften sind die traditionellen Kernfächer der Geistes- und Sozialwissenschaften neuen Herausforderungen ausgesetzt. Diese Veränderungen sind nicht bloß Rochaden auf dem Schachbrett der akademischen Disziplinen. Sie tragen vielmehr grundlegenden Transformationen in der Genealogie, Anordnung und Geltung des Wissens Rechnung. Angesichts dieser Prozesse besteht die Aufgabe der Einführungsreihe darin, regelmäßig, kompetent und anschaulich Inventur zu halten.

Zur Einführung ist für Leute geschrieben, denen daran gelegen ist, sich über bekannte und manchmal weniger bekannte Autor(inn)en und Themen zu orientieren. Sie wollen klassische

Fragen in neuem Licht und neue Forschungsfelder in gültiger Form dargestellt sehen.

Zur Einführung ist von Leuten geschrieben, die nicht nur einen souveränen Überblick geben, sondern ihren eigenen Standpunkt markieren. Vermittlung heißt nicht Verwässerung, Repräsentativität nicht Vollständigkeit. Die Autorinnen und Autoren der Reihe haben eine eigene Perspektive auf ihren Gegenstand, und ihre Handschrift ist in den einzelnen Bänden deutlich erkennbar.

Zur Einführung ist in verstärktem Maß ein Ort für Themen, die unter dem weiten Mantel der Kulturwissenschaften Platz haben und exemplarisch zeigen, was das Denken heute jenseits der Naturwissenschaften zu leisten vermag.

Zur Einführung bleibt seinem ursprünglichen Konzept treu, indem es die Zirkulation von Ideen, Erkenntnissen und Wissen befördert.

Michael Hagner
Dieter Thomä
Cornelia Vismann

Einleitung

»Werden« als Programm

Wie anfangen, fragt Deleuze, wo es keine Anfänge gibt? Wie dem entkommen, dass jeder Anfang bereits Wiederholung, Sprechen von je schon Geäußertem, Abbilden von zuhandenen Bildern ist? Und wie sprechen, fragen wir, über einen, der das Sprechen »über« für untauglich erklärt, sofern man denn Neues entdecken wolle, und daher vom Denker verlangt, sich in die Logik des anderen einzufädeln, dorthin, wo der optische Überblick verloren geht, dafür alles anrührt, zustößt, betrifft? Wie sprechen über einen, der die Forderung erhebt, »Sohn seiner Ereignisse und nicht seiner Werke [zu] werden« (LS, 187)? Und wie diesen Abkömmling seiner Ereignisse profilieren in einer Buchform, die, wenn nicht den Herrn seiner Werke, so doch in seinen Werken skizziert sehen will?

Dieser geschickt in einen Infinitiv sich bergende Imperativ, »Sohn seiner Ereignisse werden«, verrät zunächst Deleuzes denkerische Zuwendung zu Zufällen und Widerfahrnissen, zu all jenem, was dem Einzelnen begegnet, ihm zustößt und Gewalt antut. Diese Gewalt erfährt eine denkerische Vorzugsbehandlung gegenüber all jenem, was im eigenen Namen, als nach Willen und Plan verfertigtes Werk entsteht. Vor allem aber verrät dieser Infinitiv, dass Deleuze dem Denken des »Werdens«, der Zeit, zu huldigen wünscht, und das bis in die sprachliche Verlaufsform hinein. In gewisser Umkehrung Heideggers gemahnt er daran, das Sein seiner Werdensvergessenheit zu entreißen, ja das Werden im Ereignen vernehmbar zu machen und die Zeit aus ihrer verordneten Linearität zu befreien. Wie nun ihn, der seine Begegnungen mit anderen Denkern als Ereignisse verstanden wissen wollte, insofern sie ihn als sich selbst Unbekannten wieder finden ließen, wie nun ihn nach Maßgabe seiner Schriftbewegungen konturieren und dabei einpassen in eine Überblicksdarstellung, die entsprechend ihrer Zielsetzung Disparitäten, Paradoxien, Zeittransformationen eher unterschlägt als akzentuiert?

Im Sinne des Freidenkens von Zeit und Ereignis entwickelt Deleuze – in Nähe zu Foucault – eine archäologische Methode, die er als »Geophilosophie« praktiziert und die darauf abzielt, die Philosophiegeschichte als Sedimentierung von Gedanken zu begreifen, die es erneut aufzudecken und deren Zeitspur, ihr unvordenkliches Gewordensein nicht weniger als ihr fortgesetztes Werden, es freizulegen gilt. Zeitlichkeit soll dabei nicht als Form der Anschauung oder als lineare Chronologie verstanden werden, sondern als mit den Dingen verwachsener, vielfältiger und unendlicher (Un)Grund, von dem her alles, was sich ereignet, eine »Quasi-Ursache« erhält. Dass dieser Zeitgrund notgedrungen als entgründender, sich verschiebender und letztlich grundloser zu verstehen ist und die Ontologie des Seins in eine des Werdens und des Sinns überführt, wird im Durchgang durch Deleuzes Schriften zu explizieren sein.

Sein Denken erscheint mithin nicht nur von dem Impuls getrieben, mit Heidegger das Sein als sich zeitigendes zu entfalten, sondern der Zeitigung selbst zeitliche und logische Priorität zuzuerkennen. Vor dem Werden ist logischerweise nichts. Entgegen einer langen philosophischen Tradition lässt Deleuze das Sein nicht als das Erste und Gründende gelten und weist die Möglichkeit der Bestimmung eines Ursprungs insgesamt zurück. Angefangen wird mittendrin, zwischen als unpersönlich und präsubjektiv gedachten Spuren und Artikulationen, zwischen afigurativen Bildelementen und deren metamorphotischer Wiederkehr, die sich in komplexen Zeitsynthesen zu Subjekten, Organismen, Aussagen und Bildern konfigurieren. Denken meint seinerseits Wiederholung von vorgängigen unbewussten Synthesen der Erinnerung und Gewohnheit, von Rhythmen, Tempi und Affekten, meint, abhängig von der Modifikation der Wiederholung, aber auch Anders-Werden, Differenzierung, Neugeburt.

Insofern vollzieht sich auch das hiesige Sprechen als Wiederholung, Verschiebung und Durchdringung deleuzescher Aussagen nach Maßgabe von Affekt und Zeit. Zu vermeiden ist nicht die Wiederholung an sich, da sie Bedingung der Möglichkeit von Denken, Sprechen, Leben überhaupt ist. Zu vermeiden wäre die mechanische Wiederholung, die trotz des zeitlichen Abstands ein Identisch-Werden anstrebt und nicht das Andere im Wiederkehrenden begrüßt. Geschieht Deleuzes Bejahung der Wiederholung doch in dem Wunsch, sie zu vertiefen und als differente wiederkehren zu lassen, in ihr subjektvorgängige, unpersönliche Größen zu entdecken – deren Prototyp die Unendlichkeit, mit Bergson die »Dauer« ist –, um deren Aktualisierung als unzeitgemäße, singuläre, ereignishafte hervorzukehren. Seine unterschiedlichen Studien profilieren denn auch Singularisierungen des zeitlichen Verlaufs, Momente, in welchen er sich verdichtet, vertikalisiert, Tableaus errichtet und Intensitätsfelder erzeugt. Bedenkenswert erscheinen sie ihm, da sie sich nicht der Chronologie unterwerfen, sondern herausragende, gegenläufige, die Vielfalt des Unendlichen einfaltende Zeitkomplexionen sind. Deleuzes Relektüren von Werken der Philosophie- und Literaturgeschichte, von Malerei und Film dienen der Offenlegung ihres besonderen Wiederholungscharakters, ihrer Steigerung der »Vermögen« zur Differenz und »Essenz«. Jede der von ihm verfassten Monographien widmet sich einer außergewöhnlichen Zeit- und Denkkonfiguration, sucht diese in ihrer Dynamik und Eigengesetzlichkeit zu ergründen, in ihren eigenen Begriffen zu verlängern, aber auch zu öffnen und einzubetten in ein größeres Zeichen- und Zeitigungsfeld. Jeder Körper, so Deleuzes Diktum in Anlehnung an Spinoza, ist die Summe der Kräfte, denen er Zugriff erlaubt. Von daher sind die ihm zukommenden Kräfte ausfindig zu machen und in der Relektüre weiter zu multiplizieren, ist die jeweilige Denkkonfiguration größer, einzigartiger, schillernder erscheinen zu lassen und dabei sichtbar zu machen, was sie an unpersönlichen Faktoren enthält. Indem Deleuze die Werke einer gleichsam mikroskopischen Analyse aussetzt und einem taktilen Auge zugänglich macht, legt er ihren molekularen Bauplan und ihr inneres »Wimmeln« offen und überführt sie in eine »diagrammatische«, abstrakte Figur, die nach vielen Seiten hin verlängerbar erscheint.

Anders als Hegel, der seinem philosophischen System ebenfalls den Gedanken zeitlicher Entfaltung einlegt, versteht Deleuze diese nicht teleologisch als Selbstvervollkommnung des Geistes. Innerhalb seines Programms eines »generalisierten Anti-Hegelianismus« akzentuiert er vielmehr die vielfältige Unendlichkeit der Zeit, die alle singulären Artikulationen zu »zukunftsvergangenen« Differenzierungsprozessen und zu Erscheinungen von Unzeitgemäßem werden lässt. Die Zeit, unendlicher Verlauf und minimalste Augenblickshaftigkeit zugleich, wird als distanzschaffender Verräumlichungsfaktor und »heterogenetische« Kraft entwickelt, die unvermittelte, disparate und sogar voreinander fliehende Bruchstücke aus sich entlässt, wie Deleuze insbesondere in seiner Proust- und Kafka-Lektüre, aber auch in seinen Filmanalysen betont.

Die »Begriffsperson« Deleuze selbst zeichnet sich so nach und nach ab als Summe der Kräfte, denen sie Raum und Stimme verleiht, als Summe der Denker, die sie in ihren »Denkplan« integriert, um sich in ihnen zu entfremden und sich selbst unkenntlich zu werden. Seine Lektüren zielen weder auf Repräsentation des Eigenen im anderen noch auf dessen Aufhebung in einer geistesgeschichtlichen Rekonstruktion, sondern auf Profilierung von gedanklichen Extrempositionen aus deren eigener Logik heraus und auf deren Einfügung in ein »Immanenzfeld«, welches das Denken aus der Bewegung des anderen, ohne vorgefasste Begriffe und kategoriale Hierarchien, akzentuieren will. Den singulären Denkspitzen wird keine Abschließung zugestanden, vielmehr werden ihre Begriffe und Affekte untergründig verbunden, auf dass ein »rhizomatisches« Netz von Querverstrebungen und affektiven Wechselwirkungen entstehe. Diesen Denkspitzen wird mit Deleuzes singulären Studien je einzeln nachzugehen sein.

Seine Ausbreitung eines Denkfeldes, in dem Bruchstückhaftes und Disparates eingelagert ist und gleichzeitig unterirdische Korrespondenzen wirken, lässt sich notgedrungen nur annäherungsweise skizzieren. Zielt eine Einführung doch auf Verständlichmachung, auf Abrundung von Zumutungsspitzen, letztlich auf eine didaktische Form der Darbietung ab. Hielte man sich an Deleuzes eigene Anweisungen, so müsste man weniger erklären und intensiver wiederholen, das Befremdliche ins noch Befremdlichere rücken, die eigene Affektion beiläufig in die Wendungen des anderen kleiden, nicht vom Ereignis sprechen, dafür seine Entfaltung befördern und Deleuzes Denkbewegungen vorantreiben in neue, »nicht-gekerbte« Räume hinein, Sohn des Deleuze-Ereignisses werden in einem unscheinbaren, minoritären Stil. Deleuze treu bleiben hieße in diesem Sinn, jene von ihm geforderte masochistische Haltung zu praktizieren, in der die Aussagen durchdekliniert würden auf ihre Folgen hin, um diese noch einmal einem Lachen auszusetzen, dem Lachen über sich selbst als jemandem, der noch immer beim Wort zu nehmen und zu verstehen sucht.

Rezeption in Deutschland

Gibt man sich vor deutschen philosophischen Akademikern als jemand zu erkennen, der dieser Philosophie nahe steht, wird man, anders als in Frankreich, nach wie vor gerne mit einem spöttischen bis herablassenden Lächeln bedacht. Zwischen Skepsis und heftiger Ablehnung changieren die Reaktionen jener, die sich in der Regel nicht weit in Deleuzes Schriften hineingewagt haben. Ihre Vorbehalte äußern sich in Formulierungen wie »unzugängliche Hermetik«, »Privatsprache«, »delirantes Philosophieren« und anderem mehr. Gerade für die philosophisch Professionellen ist der Einstieg nicht leicht, da Deleuze, insbesondere ab seiner Zusammenarbeit mit Guattari, mit unakademischer Rede irritieren, die überkommenen Philosopheme gegen den Strich bürsten, die Schriften akonventionell anlegen, mit Strategien des Umdenkens, Umwertens und der Entgrenzung des philosophischen Feldes und mit unvermittelten Bezugnahmen auf philosophische, literarische und allgemein künstlerische Positionen provozieren will. Wenige sind es, die in ähnlich motivierter Suche seine Schriften durchlaufen und Kritik vom Ende her artikulieren. Slavoj Zizek[1] etwa kritisiert an Deleuze, dass er nur pseudosubversives Denken betreibe und letztlich in der verabsolutierten Immanenz und minoritären Begriffsarbeit die herrschenden Zustände sanktioniere. Lebhaft, wenn auch nicht immer auf eingehender Auseinandersetzung beruhend, ist gegenwärtig das Interesse bei jungen, der Kunst und medialen Bereichen zugewandten Denkern und Praktikern, von welchen Deleuze ein Kultstatus zuzuwachsen droht. Angesichts der damit aufkommenden Gefahr leerer und unkritischer Repetition ist zu begrüßen, dass sich wissenschaftliche Anstrengungen mehren, die seine Schriften in gründlichen philosophischen Lektüren erneut aufrauen und das Widerstreitende in ihnen hervorkehren.

Zwischen rigoroser Ablehnung und begeisterter Aufnahme hat die Rezeption des deleuzeschen Werks in Deutschland von Anfang an geschwankt. Die erste Welle der Übersetzungen seiner Schriften *Nietzsche et la philosophie* von 1962 (*Nietzsche und die Philosophie*, übers. v. Bernd Schwibs, München 1976), *Kafka – pour une littérature mineure* von 1973 (*Kafka – für eine kleine Literatur*, übers. v. Burkhart Kroeber, Frankfurt 1976), *Proust et les signes* von 1973 (*Proust und die Zeichen*, übers. v. Henriette Beese, Berlin 1978) und *L'Anti-Oedipe. Capitalisme et schizophrénie* von 1972 (*Anti-Ödipus. Kapitalismus und Schizophrenie*, übers. v. Bernd Schwibs, Frankfurt a.M. 1977), in den 70er Jahren angefertigt, löste bereits eine lebhafte, aber äußerst gespaltene Aufnahme aus: Gerade weil *Anti-Ödipus* (AÖ) ob seines frechen unakademischen Tons in psychoanalysekritischen und künstlerischen Kreisen umjubelt wurde, stieß die Schrift im akademischen Milieu auf vehemente Ablehnung. Der Tonfall verstörte, der Duktus der Provokation, das gewollt Unflätige bereits in den Anfangssätzen: »Es funktioniert überall, bald rastlos, dann wieder mit Unterbrechungen. Es atmet, wärmt, isst. Es scheißt, es fickt. Das Es ...« (AÖ, 7) Aufgrund dieser demonstrativen Unterbietung der standardisierten philosophischen Rede gingen für Deleuze und Guattari in Deutschland – im Gegensatz zu Frankreich, Italien und den USA – die akademischen Türen erst einmal zu. Während Michel Foucault 1970 eine Hymne auf Deleuze anstimmte und in seiner bekannten Rezension von *Différence et répétition* und *Logique du sens* in der Zeitschrift *Critique* prophezeite, dass das 21. Jahrhundert entweder deleuzianisch sein oder nicht sein werde[2], fielen Deleuzes (und Guattaris) Schriften hierzulande einer gewissen »Verschwörung des Schweigens«[3] anheim, die ihre Rezeption um ein Jahrzehnt verzögert hat.[4] Allerdings nahmen Romanisten wie Hans Robert Jauß[5] und Rainer Warning[6] in ihren Studien zur romanistischen Forschung, Wolfgang Welsch[7] und Bernhard Taureck[8] in ihren Gesamtdarstellungen der französischen Philosophie auf Deleuze Bezug und widmeten ihm sachgerechte Einführungen. Daneben waren einzelne euphorische Rezeptionen im Versuch der Verlängerung der »Wunschproduktion« zu verzeichnen, die eine differenzierte Auseinandersetzung allerdings eher behindert haben.[9]

Verstärkt durch die Übersetzung und Rezeption der beiden Kinostudien *Cinéma 1. L'image-mouvement* von 1983 (*Das Bewegungs-Bild. Kino 1*, Frankfurt a.M., 1989) und *Cinéma 2. L'image-Temps* von 1985 (*Das Zeit-Bild. Kino 2*, Frankfurt a.M., 1991), setzte Anfang der 90er Jahre eine zweite Welle der Deleuze-Rezeption ein: Binnen weniger Jahre wurden alle ausstehenden Schriften von *La philosophie de Kant* von 1963 (*Kants kritische Philosophie*, übers. von Mira Köller, Berlin 1990), *Différence et répétition* von 1967 (*Differenz und Wiederholung*, übers. v. Joseph Vogl, München 1992), *Mille Plateaux. Capitalisme et schizophrénie* von 1980 (*Tausend Plateaus. Kapitalismus und Schizophrenie*, übers. von Ronald Vouillé und Gabriele Ricke, Berlin 1992), *Logique du sens* von 1969 (*Logik des Sinns*, übers. v. Bernhard Dieckmann, Frankfurt a.M. 1993) bis hin zu *Qu'est-ce que la philosophie?* von 1991 (*Was ist Philosophie?*, übers. von Bernd Schwibs und Joseph Vogl, Frankfurt a.M. 1996) ins Deutsche übersetzt; die letzten beiden posthum in Frankreich erschienenen Sammelbände mit kleinen Texten *L'île déserte et autres textes* von 2002 (*Die einsame Insel*, Frankfurt a.M. 2003) und *Deux régimes de fous* von 2003 (*Schizophrenie und Gesellschaft*, Frankfurt a.M. 2005) liegen nunmehr übersetzt vor. Die zahlreicher werdenden wissenschaftlichen Auseinandersetzungen mit seinen Werken im Bereich der Philosophie[10], Literatur-[11], Filmwissenschaft und Ästhetik[12] machen daneben auch deutlich, dass die Beschäftigung mit dieser Philosophie häufig mit disziplinären Grenzüberschreitungen einhergeht, so dass sich ein Rezeptionsfeld zwischen Philosophie, Literatur- und Filmwissenschaft, Architektur- und Medientheorie auszubreiten im Begriff ist.

An den neuesten Studien fällt als gemeinsamer Zug auf, dass sie trotz Perspektivierung der deleuzeschen Philosophie und trotz Verfolgung singulärer Fragestellungen – wobei die Themen »Zeit« und »Ereignis«, »Immanenz« und »Tranzendentalität« dominieren – mehr oder weniger sein gesamtes Denkfeld abschreiten, das Gesamt seiner Texte gegenlesen, keine Übertragungen auf andere Texte, Bilder oder Filme vornehmen und so insgesamt dahin tendieren, die deleuzesche Karte im Sinne von Borges noch einmal zu zeichnen. Obwohl sich diese Verfahren aus der deleuzeschen Methodik erklären, verdeutlichen sie die Gefahr, die der Umgang mit seinen Texten birgt. Denn gerade ob der Akribie der Wiederholungen, die zudem Wiederholungen – und Verschiebungen – vorangegangener anderer Sekundärwerke darstellen, scheint kaum Neues und Ungesehenes auf. Zwar sucht Ingo Zechner[13] in Verlängerung meiner Deleuze-Lektüre[14] das Ethos dieser Philosophie weiter zu konturieren, durchläuft Wolfgang Wagner die von Stephan Günzel dargelegte *Immanenz. Zum Philosophiebegriff von Gilles Deleuze*[15] noch einmal auf diese Begriffe hin.[16] Mirjam Schaub[17] breitet in einer Parallellektüre sein Zeit- und Filmverständnis, Marc Rölli[18] jenes des Verhältnisses von Empirismus und Transzendentalität aus. Der von ihm herausgegebene Sammelband *Ereignis auf Französisch*[19] rekonstruiert schließlich die deutsche und französische Denktradition dieses Begriffs.

Deleuzes Vorgehensweise legt diesen in der Sekundärliteratur auffälligen Zug von Wiederholung und Potenzierung insofern nahe, als sie sich als »Denken mit« anderen, als wechselseitige Wiederholung und Differenzbildung mit dem anderen versteht. Der Zwang, das gesamte Denkfeld immer noch einmal zu durchlaufen, folgt aus der Erkenntnis, dass sich seine Begriffe gegenseitig bedingen und erhellen und in seinem Denkfeld alles mit allem zusammenhängt. Eine Übertragung oder Erweiterung auf anderes scheint aus eben diesem Grund schwierig zu sein. Von daher werden seine Texte entgegen seiner Aufforderung eher nicht als »Werkzeugkisten« verwendet, wird sein Instrumentarium kaum auf bislang nicht Gesehenes angewandt. Wider Willen entfaltet Deleuze eine Autorität, die seinen Adepten ein umso getreueres Durchbuchstabieren abzuverlangen scheint, als dieses Denken sich freimütig, anarchisch und paradox geriert.

Denken als Freundschaftsakt

Deleuze beginnt mit der Rezeption klassischer Philosophen wie Hume, Kant, Bergson, Nietzsche, Spinoza und widmet ihnen jeweils eine monographische Studie, was er selbst in *Pourparlers/ Unterhandlungen* (U) von 1990 folgendermaßen kommentiert:

»Ich gehöre zu einer Generation, einer der letzten Generationen, die man mehr oder weniger mit der Philosophiegeschichte umgebracht hat. Die Philosophiegeschichte übt in der Philosophie eine ganz offenkundig repressive Funktion aus, sie ist der eigentlich philosophische Ödipus: ›Du wirst doch wohl nicht wagen, in deinem Namen zu sprechen, bevor du nicht dieses und jenes gelesen hast, und dieses über jenes, und jenes über dieses‹. In meiner Generation sind viele nicht heil da rausgekommen, andere schon, indem sie ihre eigenen Methoden und Regeln, einen neuen Ton erfunden haben. Ich selbst habe lange Philosophiegeschichte gemacht, habe Bücher über diesen oder jenen Autor gelesen. Aber ich habe mich auf verschiedene Art entschädigt: zunächst, indem ich Autoren liebte, die sich der rationalistischen Tradition dieser Geschichte widersetzten.« (U, 14 f.)

Schon früh besteht trotz klassischer Vertiefung in die philosophischen Texte sein Wiederholungsverfahren darin – wofür seine Kant-Lektüre das beste Beispiel ist –, Unbekanntes, ja Monströses im anderen ausfindig zu machen: »Ich stellte mir vor, einen Autor von hinten zu nehmen und ihm ein Kind zu machen, das seines, aber trotzdem monströs wäre. Dass es wirklich seins war, ist sehr wichtig, denn der Autor musste tatsächlich all das sagen, was ich ihn sagen ließ. Aber dass das Kind monströs war, war ebenfalls notwendig, denn man musste durch alle Arten der Dezentrierungen, Verschiebungen, Brüche, versteckten Äußerungen hindurchgehen, was mir nicht wenig Spaß bereitet hat.« (U, 15) Auf diese Weise wird er in seinen »heterogenetischen«, das Widerstreitende hervortreibenden Lektüren klassischer philosophischer Texte nicht nur zum Dekonstruktivisten, sondern zum Guerillero der Philosophiegeschichte, der leidenschaftliche Parteinahme betreibt: Er weist jedes Denken, das nur auf dem guten Willen des Denkers und auf uneingestandenen Voraussetzungen beruht, als philosophieunwürdig zurück. Dafür sucht er jedes Denken zu potenzieren, das, von unbewussten Wunschartikulationen angetrieben, eine »Passiologie« zu erkennen gibt. Er begreift Ideen und scheinbare Invarianten als wandelbar und widmet sich vorzugsweise Denkern, die in Kategorien der Bewegung operieren. Mit Nietzsche verschreibt er sich dem philosophischen Programm der Wertsetzung und Dramatisierung: Gegebene Denkorganisationen auf ihre »Lebensmächtigkeit« hin zu befragen, in ihrer leidenschaftlichen Artikulation zu befördern oder auch umzuwerten wird sein unausgesetztes Bemühen sein.

Dieses Engagement in Sachen Verzeitlichung und Vervielfältigung lässt sich indes nur aus seiner Grundannahme, seinem tiefsten Glaubenssatz, verstehen: Denn mit Nietzsche hält er dafür, dass Leben – und Denken – von nicht-anthropomorphen, vielfältigen Kräften herrühren, denen denkerisch Gerechtigkeit widerfahren zu lassen ist, widrigenfalls das Leben verfehlt und unrechtmäßig auf menschliches Maß eingeschränkt wird. Der oberste Imperativ von Deleuze lautet folglich: Die Mannigfaltigkeit als solche denken! Diese vorgängige Mannigfaltigkeit (von Zeit oder Bild), die zwar real, aber nicht durchgängig aktualisiert ist, wird von ihm auch Virtualität genannt. Mit der Aktualisierung dieser Virtualität verbindet er die Hoffnung auf Entgründung der »unzulässigen Einheitsstifter« des sprachlichen Gesetzes, der organischen Bilder und aller Formen von Subjektivität, auf erneute Offenlegung ihrer metamorphotischen Seite und ihre Rückverwandlung in das, was er »Meute-Werden« nennt.

Im Hinblick auf sein ethisches Postulat fordert Deleuze nicht nur erneute Hingabe an diese präsubjektiven Größen, Weisen der Wiederholung des als kollektiv oder »dividuell« verstandenen Unbewussten, sondern die Potenzierung dieser Wiederholungen hin zum Denken im engeren Sinn, das sich dann auf seine mannigfaltigen Ausgänge zurückzubeugen und diese gegenzubesetzen hat. Aufgrund dieser Konzeption des Denkens als zyklischem Vorgang der Selbstvervielfältigung, ermöglicht durch verschiedene, sich gegenseitig steigernde »Vermögen« des Fühlens, Wahrnehmens und Denkens, lehnt er es ab, der Vernunft einen privilegierten Platz zuzuerkennen oder dem Imperativ zu folgen, laut welchem wir Herr über uns zu werden hätten. Dass sich Denken aus dem Konzert verschiedener Vermögen, ja aus deren Diskordanz ergibt und erst in deren wechselseitiger Potenzierung zu Bedenkenswertem reift, ist sein Argument gegen Kants harmonische Vermögensdistribution.

Seine Betonung der inneren Vielfalt und Autogenese des Denkprozesses hat aber auch Umwertungen Nietzsches und

Heideggers zur Folge, insofern die Bejahung der Selbstüberwindung des Subjekts und die Freilegung ihm immanenter Mikroakteure zur Affirmation des »man« und »dividueller« Existenzweisen führen. Diese einer unverwechselbaren Kontur verlustig gegangenen Existenzen brechen und potenzieren die in ihnen wirksamen kollektiven Kräfte, bis eine neue, unpersönliche »Essenz« entsteht. Deleuzes Bejahung dieser Ent-Individuierung hin zum »man-Werden« des Einzelnen mündet schließlich in den »seltsamen Imperativ: entweder aufhören zu schreiben oder wie eine Ratte schreiben« (TP, 327). Diese knappe, provokante Formel stellt nur die zugespitzteste Variante all jener in Deleuzes Schriften wiederkehrenden Aufforderungen zur Unterwanderung der strukturellen Ganzheiten von Vernunft, Organismus und Subjektivität und zur Freisetzung jener prinzipiell unbeendbaren Werdensprozesse dar, die er mit einem »Frau-Werden« als der ersten Verschiebung der männlichen Identität beginnen und auf ein »Unwahrnehmbar-Werden« zulaufen lässt.

Eine solche Weise des Philosophierens, das sich in zyklischen Verfahren selbst konstituiert und sich nach Maßgabe von Wünschen, aber auch Zwängen und Hindernissen entfaltet, ist kein Denken, das sich mit dem Aufdecken von Bekanntem zufrieden gibt. »Für viele Leute ist Philosophie etwas, das nicht ›gemacht‹ wird, sondern immer schon fertig in einem Ideenhimmel existiert. Doch ebenso wie ihr Gegenstand ist auch die philosophische Theorie eine Praxis. Keineswegs ist sie abstrakter als ihr Gegenstand. Sie ist eine Praxis der Begriffe, und es gilt, sie hinsichtlich anderer Praktiken, mit denen sie interferiert, zu beurteilen.«[20] Neue Fragen bedürfen neuer Begriffe, weshalb Deleuze in seiner mit Guattari verfassten Abschlussbetrachtung *Qu'est-ce que la philosophie?/Was ist Philosophie?* (Qu) die Begriffsbildung als die genuin philosophische Tätigkeit bezeichnet: »Die Philosophie ist die Kunst der Bildung, Erfindung, Herstellung von Begriffen.« (Qu, 6)[21] Die Autoren sind denn auch im Begriffeschöpfen nicht zögerlich. Ihre Schriften weisen sich durch kühne Begriffsbildung, intensive Begriffsbewegung, akribische Begriffsdifferenzierung und vielperspektivische Begriffskonturierung aus.

Gleichwohl verstehen sie den Begriff als Ergebnis der Selbstbewegung des Denkens, als unpersönliche Autopoiesis: »Aber der Begriff ist nicht gegeben, er ist geschaffen und muss geschaffen werden; er ist nicht gebildet, er setzt sich selbst in sich selbst – Selbstsetzung. Beides impliziert sich wechselseitig, da das wahrhaft Geschaffene – vom Lebewesen bis zum Kunstwerk – eben darum über eine Selbst-Setzung seiner selbst oder über einen autopoietischen Charakter verfügt, an dem man es erkennt.« (Qu, 17) Dass die solchermaßen »gesetzten« Begriffe tatsächlich kollektive Wunschpositionen artikulieren und ein gewisses Eigenleben entwickeln, zeigt sich schon daran, dass nicht wenige von ihnen zu Schlagworten und philosophischen Erkennungsmarken geworden sind: Der Zungenbrecher »Deterritorialisierung« nicht weniger als die überstrapazierte »Wunschmaschine« oder das allenthalben anzutreffende »Rhizom« ...

Zur begrifflichen Konturierung dessen, was sich an unpersönlichen und präsubjektiven Zeichen und Ereignissen unter Figuren und Eigennamen zusammenfügt, die zuletzt ein personales Aussehen erhalten, wählt Deleuze zusammen mit Guattari die schwierige Bezeichnung »Begriffsperson«. Die »Begriffsperson« soll die verschiedenen Dimensionen des Denkprozesses umfassen, seine zwischen unpersönlicher Abkunft und persönlicher Konturierung sich entfaltende Komplexität: die Auswahl und wertsetzende Dramatisierung von Zeichen und Vektoren eines mikrostrukturellen Feldes, die affektgesteuerte Steigerung und Dynamisierung, die raumzeitliche Aktualisierung und Selbstsetzung des Begriffs, die bewusste »Gegen-Verwirklichung« unter einem namengebenden Ich. »Die Antwort muss allerdings nicht nur die Frage einholen, sie musste auch eine Stunde, eine Gelegenheit, Umstände, Landschaften und Personen bestimmen, Bedingungen und Unbekannte der Frage [...] Die Begriffe benötigen, wir werden das sehen, Begriffspersonen, die zu ihrer Definition beitragen. *Freund* ist eine derartige Person ...« (Qu, 6)

»Freund« ist für Deleuze und Guattari in gewisser Weise die Begriffsperson schlechthin, da sie bereits Vorliebe und Affektion konnotiert. Die Zusammenarbeit von Deleuze und Guattari selbst ist von einem Freundschaftsmodell getragen, das sich freilich nicht als Kommunikation, sondern als »wechselseitiges Einfangen« mit wechselseitiger Verschiebung versteht: »Und dann gab es meine Begegnung mit Félix Guattari, die Weise, in der wir uns verstanden haben, ergänzt, wechselseitig depersonalisiert, uns einer durch den anderen singularisiert, kurz geliebt haben.« (U, 17) Diese Zusammenarbeit wird von Deleuze nie als Gespräch zweier Personen »über« etwas beschrieben, sondern als Begegnung zweier Denk- und Affektkomplexe, die zusammenprallen, sich überholen, treffen und wieder verlieren:

»Es ist zweieinhalb Jahre her, dass ich Félix begegnet bin. Er hatte den Eindruck, dass ich ihm voraus war, er erwartete etwas [...]. Félix erzählte mir von dem, was er schon Wunschmaschinen nannte [...]. Da bekam ich den Eindruck, dass er mir voraus war. [...] Félix und ich beschlossen also zusammenzuarbeiten. Anfangs ging es über Briefe. Und dann von Zeit zu Zeit Arbeitssitzungen, wo der eine dem anderen zuhörte. Wir haben uns sehr amüsiert. Wir haben uns sehr genervt. Einer von uns beiden redete immer zuviel. [...] Félix behandelte die Schrift wie einen Schizo-Strom, der alle möglichen Sachen mit sich führt. Mich dagegen interessiert, dass eine Seite nach allen Seiten flieht und dass sie trotzdem in sich geschlossen ist, wie ein Ei. Und dann, dass es in einem Buch Zurückhaltung, Resonanz, Überstürzung und viele Larven gibt. Also schrieben wir wirklich zu zweit, von dieser Seite her hatten wir keine Probleme.« (U, 25 f.)

In diesem Sinn vollzieht sich die Gedankenentwicklung unter dem Autornamen Deleuze als Denken zu zweit, als duales und sich vervielfältigendes Denken auch dort, wo er als alleiniger Autor firmiert. Von Anfang an denkt er »mit« anderen, entfaltet er seine Begrifflichkeit mit Hume, Kant, Nietzsche, Bergson und Spinoza als »Heterogenese« von deren Schriften, als Aussplitterung und Differenzierung von deren Begrifflichkeit (vgl. Kap. 1). Zugleich wendet er sich literarischen Texten, jenen von Proust, Lewis Carroll, Kafka, Sacher-Masoch und gewisser angloamerikanischer Schriftsteller zu, mit welchen er ebenfalls eine philosophische Begriffsarbeit entfaltet und aus welchen er Verfahren »passionellen« Denkens gewinnt (vgl. Kap. 2). Durch die Vorgänge des Mai 1968 erfährt das »Denken mit« eine praktische Umsetzung und bringt in der Zusammenarbeit mit Guattari das antiautoritäre Manifest schlechthin hervor, *L'Anti-Oedipe. Capitalisme et schizophrénie*, auf welches wenige Jahre später dessen Fortsetzung *Mille Plateaux. Capitalisme et schizophrénie* sowie eine Studie über Kafka und Jahre später die Abschlussbetrachtung *Qu'est-ce que la philosophie?* (1991) folgen. Ihre Zusammenarbeit begreifen sie von Anfang an als Eröffnung eines Aussagenfeldes, in dem sich mehr als zwei Subjekte artikulieren. Im Eingangskapitel von *Mille Plateaux* zerstören sie nicht nur die Illusion einer identifizierbaren Doppelautorschaft, sondern auch die eines umgrenzten Gegenstandbereichs: »Wir haben den *Anti-Ödipus* zu zweit geschrieben. Da jeder von uns mehrere war, ergab das schon eine ganze Menge. Wir haben alles verwendet, was uns begegnet ist, das Nächstliegende und das Entfernteste. Wir haben raffinierte Pseudonyme verteilt, um Unkenntlichkeit zu erzeugen. Warum wir unsere Namen beibehalten haben? Aus Gewohnheit, aus bloßer Gewohnheit. Um auch uns selbst unkenntlich zu machen.« (TP, 12) Auch in Deleuzes späten Schriften kommt es noch zu Denkrecherchen und Begriffswiederholungen mit anderen: erneut mit Spinoza, mit Leibniz, mit Foucault (vgl. Kap 3).

Die Figur des Duos und Doubles erfährt daher eine philosophische Würdigung als diejenige Konstellation, die die unpersönlichen und präindividuellen Ereignisse erneut zu beleben vermag, indem sie ihre Pole gegeneinander verschiebt, diese zu neuen Zeit- und Affektsynthesen zwingt und zwischen ihnen ein Feld der Problematisierung erwachsen lässt: »Die Frage ist wichtig, weil der Freund, wie er in der Philosophie erscheint, nicht mehr eine äußere Person, ein Beispiel oder einen empirischen Umstand bezeichnet, sondern eine innere Gegenwart im Denken, eine Möglichkeitsbedingung des Denkens selbst, eine lebendige Kategorie, ein transzendentales Erleben.« (Qu, 7) Philo-Sophie meint mithin begehrliche Vergegenwärtigung des anderen als Katalysator des »Weisheits«-Prozesses, wobei die Begriffsperson des Freundes für die Eröffnung der Möglichkeitsdimension schlechthin steht: Nur der andere sieht die Welt in meinem Rücken, nicht als transzendente, strukturierende Instanz, sondern als Teil der dezentrierten Bildgegebenheit und unendlichen Zeit, als mannigfaltig lockender Blick, der sehen und andere Perspektiven einnehmen lehrt und zum Klein-Werden zwingt ...

Methode der Wiederholung und Differenzbildung

Die philosophische Grundannahme, dass Denken nur in Relationierung mit anderen und als Weise des Anders-Werdens geschieht, führt zur Methode der *Différence et répétition/Differenz und Wiederholung*[22] (DW), wie Deleuzes »Summa« der Frühzeit von 1968 denn auch heißt. Wiederholung und Differenz werden hier als sich wechselseitig generierende Prozessualitäten vorgestellt, die, aus Vorbildlosem stammend und in sich entfigurierende Differenzierungsprozesse mündend, dazu verhelfen, überkommene Bilder des Denkens zu kritisieren:

> »Wir wollen die Differenz an sich selbst und den Bezug des Differenten zum Differenten denken, unabhängig von der Repräsentation, durch die sie auf das Selbe zurückführt und durch das Negative getrieben wird. [...] Ein philosophisches Buch muss einesteils eine ganz besondere Sorte von Kriminalroman sein, anderenteils eine Art *science fiction*. Mit Kriminalromanen meinen wir, dass sich die Begriffe mit einem gewissen Aktionsradius einschalten müssen, um einen lokalen Sachverhalt zu lösen. Sie verändern sich selbst mit den Problemen [...]. Man sollte dahin gelangen, ein wirkliches Buch der vergangenen Philosophie so zu erzählen, als ob es ein imaginäres und fingiertes Buch wäre [...] Die Nacherzählungen der Philosophiegeschichte müssen eine Art Zeitlupe, Erstarrung oder Stillstand des Textes darstellen: *nicht nur* des Textes, auf den sie sich beziehen, *sondern auch* des Textes, in den sie sich einfügen. So dass sie eine Doppelexistenz führen und einem doppelten Ideal der *wechselseitigen* Wiederholung des alten und des gegenwärtigen Textes entsprechen.« (DW, 11 ff.)

Zu diesem detektivischen Verfahren gehören nicht nur Taktiken der Verlangsamung der Denkprozesse und der Vergrößerung der zu analysierenden Gedankengänge, sondern auch der langsamen Um- und Überschreibung des Ausgangstexts, der Verlängerung und Transformation seiner Begriffe, der Freilegung von Subtexten im Text. Dieses Verfahren, das in der Art eines »vollen« Sprechens der Psychoanalyse sich seiner Antriebe und Wertsetzungen, des unabsichtlich Mitgeäußerten bewusst zu werden und dieses erneut einzutragen sucht, bringt zwangsläufig Modi des Wiederholens und Kreisens, des gleichzeitigen Voranschreitens und Zurückgehens, der spiralartigen Intensivierung mit sich. Von daher erklären sich die zahlreichen Wiederholungen in Deleuzes Texten, die Reprisen gewisser Gedanken am anderen Ort, die Wiederaufnahmen derselben Fragen in anderen Kontexten, ihre Konfrontationen mit immer neuen Denkansätzen, ihre Rückversicherung und ihr gleichzeitiger Ausgriff nach vorn. Insbesondere *L'Anti-Oedipe* kennt Formen refrainartiger Wiederholung und Umformulierung von Aussagen, die nicht dem Prinzip linearer Progression, sondern zyklischer Gedankenvertiefung und Vielfachperspektivierung, ihrer Transposition in andere Bereiche, der Freilegung von Korrespondenzen und Wechselwirkungen geschuldet sind.

Wie in meiner Monographie dargelegt, unterliegt dabei das Verhältnis von Wiederholung und Differenzbildung in Deleuzes Schriften selbst einer Akzentverschiebung: Während er in *Logique du sens* von 1969, der Abschlussarbeit seiner Frühphase, in der Figur des Mimen oder Schauspielers eine das Prinzip Wiederholung inkorporierende »Begriffsperson« prägt, die in der »Gegenverwirklichung« des unpersönlichen Ereignisses dieses zum Ausdruck bringt, zur Essenz erhebt und gleichzeitig in seiner Wirkung begrenzt, kritisieren die Autoren ab *L'Anti-Oedipe* die dem Unbewussten zugeschriebene Expressivität. Sie ersetzen den Mimen durch die Begriffsperson des »Nomaden«, der das Unbewusste, nunmehr begriffen als Virtualität der Zeit, aktualisiert und in territorialen Bewegungen zum Austrag bringt.

Im Sinne dieser beiden Begriffspersonen ergeben sich Deleuzes Schriften aus einem freundschaftlichen Mit-Denken, welches die Denkpläne des anderen Philosophen in der Frühphase eher in einer passionellen Gegenlektüre differenziert und dramatisiert – so, wenn er Nietzsches »Wiederkehr des Gleichen« als Selbstaffirmation der Wiederkehr interpretiert, um als letzte Wiederkehr die der Zeit und des Werdens selbst und damit Differenz zu enthüllen. In der späteren Phase dominieren die Verfahren der Verzeitlichung des vorangehenden Denkplans, dank welcher aus der Architektur etwa der literarischen Texte Kafkas eine Verselbständigung der Zeit abgeleitet wird. Deleuze verwandelt indes nicht nur Texte in offene, sich fortgesetzt differenzierende Prozesse, sondern verleiht auch Gemälden wie jenen von Francis Bacon »Zeit-Bild«-Charakter, wie sich in Anlehnung an seine Filmschriften sagen lässt. Vor dem Hintergrund seiner Filmstudien erscheint so sein philosophisches Verfahren zunehmend selbst als filmisches, das die philosophischen Denkbilder zu Nahaufnahmen vergrößert, auf ihre Mikrostrukturen abtastet und auf afigurative Elemente und kommende Metamorphosen hin durchleuchtet. Wie dem Klischee entkommen? ist eine der Fragen, denen er sich in *L'image-Temps* (IT) mit Godard zu stellen sucht. Um der Fixierung der Ideen zu entgehen, wählt er mit Orson Welles jene Decoupage-Technik, die in langen Sequenzeinstellungen mit Schärfen- und Raumtiefe verschiedene Aussageebenen gegeneinander laufen und in ihrer Wiederholung und Differenz hervortreten lässt, so dass sich als Gesamtbild des Denkens eine spannungsreiche Vielschichtigkeit ergibt.

Vielschichtigkeit signalisiert schließlich auch der Titel der »Summa« der mittleren Phase, *Mille Plateaux* von 1980, in welcher als Bild mannigfaltigen Denkens und der angestrebten Buchorganisation das »Rhizom« skizziert wird:

»Das Nebenwurzel-System oder das Wurzelbüschel ist die zweite Gestalt des Buches, auf die unsere Moderne sich gerne beruft. In diesem Fall ist die Hauptwurzel verkümmert, ihr Ende ist abgestorben; und schon beginnt das Wuchern einer wilden Mannigfaltigkeit von Nebenwurzeln. [...] Das Mannigfaltige *muss gemacht werden*, aber nicht dadurch, dass man immer wieder eine höhere Dimension hinzufügt, sondern schlicht und einfach in allen Dimensionen, über die man verfügt, n-1 [...] Wenn eine

Mannigfaltigkeit gebildet werden soll, muss man das Einzelne abziehen, immer in n-1 Dimensionen schreiben. Man könnte ein solches System Rhizom nennen.« (TP, 15 f.)

Das Mannigfaltige wird hier noch einmal als Aufgabe des Denkens und seiner notwendigen Selbstdekonstruktion mittels Subtraktion von Individualitätskonturen und Freilegung untergründiger Verkettungszusammenhänge bestimmt. Zur Beschreibung rhizomatischer Verknüpfungsverfahren wählen die Autoren bald auch das Bild nomadischer Zirkulation, bald das Maschinenmodell. Ihre Heroen sind geniale Maschinenbauer: Buster Keaton, Jacques Tati ...

Unter dem Namen Deleuze wird folglich ein Feld dualer Denkprozesse, von Problemverlagerungen und -erweiterungen und Begriffsmodulationen nachzuzeichnen sein. Zu rekonstruieren wird sein, wie in das Feld philosophischer Begriffsentfaltung nach und nach Denkpläne literarischer Texte und semiotische Analysen von Malerei und Film eingefaltet werden und die Konzentration auf die Begriffsperson des Mimen ins Kollektive, Nomadische und Geopolitische entpersönlicht wird. Die als singulär herausgestellten Denkpositionen werden dank der nomadisierenden Bewegung dieses Denkens untereinander verbunden und mit immer neuen Wissensfeldern wie der Naturgeschichte, der Linguistik, der Ethnologie in Korrespondenz versetzt. »Wechselseitige Wiederholung« bezeichnet à la longue nicht nur Deleuzes Methode der Gegenlektüre anderer Denker, sondern zunehmend das Verhältnis seiner Schriften untereinander, die sich wechselseitig reflektieren und ihr Immanenzfeld selbst einer minorisierenden Begriffsbewegung unterstellen. Bereits in seiner ersten Schrift über David Hume werden Fragen des Affekts angeschlagen, die bis in seine letzte Schrift wiederkehren. Noch die Filmstudien greifen die anfänglichen Ausführungen zu Bergson wieder auf, ziehen aber auch die Gewährsleute Nietzsche, Spinoza und Leibniz zur Begründung filmtheoretischer Überlegungen heran. So untersteht die Begriffsbildung selbst fortgesetzter Wiederholung, Verschiebung und Differenzierung und kennt Momente ungezügelter Wucherung: Organisations-, Konsistenz- und Immanenzplan scheinen dasselbe zu bezeichnen; das Begriffspaar von Falte und Entfaltung wiederholt den Gedanken der Aktualisierung zeitlicher Virtualität, welcher wiederum als Denken der Mannigfaltigkeit bereits mit Nietzsche oder als regulative Idee mit Kant zum Ausdruck kam. Die mit der Begriffsperson des Nomaden verbundene Werdensbewegung wird bald in einer Territorialitäts-, bald in einer Maschinenbildlichkeit wiedergegeben. So tendiert der Denkplan dahin, durch immer dichtere und fraktalere Begriffsbewegungen schraffiert zu werden, zumal gewisse Problemstellungen sämtliche Begriffsmodulationen durchlaufen, als gälte es zu testen, welche Formulierung am überzeugendsten klingt. Und schließlich erstrecken sich die von Deleuze und Guattari intendierten Verzeitlichungsprozesse auf die Form des Buches selbst: Die *Tausend Plateaus* sollen nicht nur gegeneinander bewegliche Wissensfelder bieten, sondern, quer zu ihrer Schichtung, von Segment zu Segment, von Singularität zu Singularität transversal »resonieren«. In diesem Sinn wird der Leser zur rhizomatischen Lektüre motiviert ...

Das Denken im eigenen Vollzug auf Ungedachtes zu öffnen, den Denkaffekt über sich hinauszutreiben, auf einen Rand des Außen und des Schweigens zu: Erkennbar wird, dass hier Grenzwertiges angestrebt wird. Das ist einer der Gründe, warum dieses Denken zuweilen auf der Stelle zu treten, in leeren Wiederholungen zu kreisen und zu ermüden scheint. Seine Absicht, im Sinne »lebensmächtiger« Mannigfaltigkeit anders und anderes zu denken, bringt bald stockende, bald sich überstürzende Bewegung in ungewöhnlichen Begriffen hervor. Von den Autoren selbst nicht ohne weiteres einzuholen ist ihr Anliegen der Selbstüberwindung, in der Biographie, im Namen, in sprachlichen Standards und organischen Bildern, in allem, was festschreibt und Kenntlichkeit produziert. Daher setzt auch ihr paradoxer Imperativ der »drei Tugenden: des Unwahrnehmbar-, Unpersönlich- und Ununterscheidbar-Werdens« (TP, 382) einen Fluchtpunkt, der in der Tiefe der Zukunft liegt.

1. Was ist Philosophie?

Begriffe bilden und Pläne zeichnen

In ihrer letzten gemeinsamen Schrift *Qu'est-ce que la philosophie? (1991)/Was ist Philosophie?*[1] (Qu), in der sie ihre philosophische Arbeit vom Ende her reflektieren, bestimmen Deleuze und Guattari diese als konstruktive Tätigkeit, als Begriffsbildung und Planentwurf: »Die Philosophie ist Konstruktivismus, und der Konstruktivismus besitzt zwei komplementäre Aspekte [...]: Begriffe erschaffen und eine Ebene entwerfen.« (Qu, 42) Allerdings handelt es sich hier um einen ungewöhnlichen Konstruktivismus, insofern er nur eingeschränkt eine planerische und rationale Tätigkeit darstellt. Denn sowohl Begriff wie Plan werden auch als Hervorbringungen des Unbewussten begriffen, sollen sich in Wiederholung und Modifikation vorgegebener Begriffe und Denkprozesse konstituieren, entsprechend der mimischen oder nomadischen »Gegenverwirklichung« desjenigen, der sich ihrer zu bemächtigen sucht. Ihre Abkunft aus dem Unbewussten ermöglicht zusammen mit der bewussten Stimulanz ihre autopoietische Kraft.

Unbewusstes/Virtuelles/Mannigfaltigkeit/Immanenzplan/Idee: All diese Begriffe dienen dem Versuch der Bezeichnung jener zugleich transzendentalen und immanenten Ebene, die Deleuze in immer neuen Anläufen, aus verschiedenen Blickwinkeln, zusammen mit Bergson, Spinoza, Nietzsche, Leibniz, Freud und dem Strukturalismus expliziert. Wie bereits erwähnt, geht er davon aus, dass alles Leben aus einer Mannigfaltigkeit von Kräften herrührt, die als Vielfalt präsubjektiver Bewegungen, unendlicher Zeiten, afigurativer Bilder, unpersönlicher Aussagen und deren Verkettung zu Ereignissen gedacht werden, dank welcher überhaupt erst subjektives Existieren, Sehen, Sprechen, Bildbilden möglich werden. Da diese Größen zwar real, aber nicht fortwährend aktualisiert sind, kommt ihnen der Status des Virtuellen zu. In Nähe zu Freuds Begriff des Unbewussten[2] wird diese Virtualität auch als Feld zahlloser nicht-koordinierter, widerspruchsfreier, keiner Negation und Zeit unterstehender, aber sich wechselseitig katalysierender Wunschregungen und Markierungen beschrieben. Von dieser Feldmetapher leitet sich Deleuzes spätere »Geophilosophie«, sein Denken in Ebenen, Schichten, Sedimenten, Transversalen usw. ab.

Wie er insbesondere in seinen frühen Schriften *Différence et répétition/Differenz und Wiederholung* (DW) und *Proust et les signes/Proust und die Zeichen* (P) darlegt, entfalten sich diese Markierungen und Zeichen gemäß inneren Spannungsverhältnissen, potenzieren sich wechselseitig und bilden vertikale Dimensionen, bis sie das Feld »überfliegen« und in qualitativen Sprüngen das Denken im engeren Sinn hervorbringen. Schon Freud hat die Genese des Bewusstseins aus dem Unbewussten mit »qualitativen Sprüngen« erklärt. Zur »Höhe des Denkens« gehört aber auch, dass es sich auf seine unbewussten Wünsche und Triebe zurückbeugt, diese »gegenbesetzt« und als Antriebe erneut in seinen Prozess integriert – diese zyklische Progression und sukzessive Entfaltung aus sich selbst, diese Autogenese, die sich als Feld wechselseitiger Bezugnahme, Reflexion und Brechung konstituiert, ist das, was als »Immanenz-, Konsistenz- und Organisationsplan« wiedergegeben wird. Immanenzplan bedeutet daher fortgesetzte Vervielfältigung der Denkvorgänge aus sich selbst, fortgesetzte Selbstdifferenzierung der Zeit ohne

Referenz auf transzendente Signifikate wie Gott, Ideen, Urbilder usf.

Deleuzes – und Guattaris – Kritik richtet sich gegen ein Verständnis von Begriffsbildung als Ordnung, Engführung, Klassifikation und Taxonomie, als Einteilung der Phänomene nach Kriterien dinghafter Objektivierbarkeit und Sichtbarkeit. Ein Denken, das seine Herkunft aus der Mannigfaltigkeit des Unbewussten nicht in seine Entfaltung einschreibt, sich von dieser nicht verunsichern und weiterbewegen lässt, seine Wünsche in der Artikulation nicht miterhellt, das Gesehene nicht auf Unsichtbares und Unverfügbares durchdringt, gelangt nicht zum Denken im engeren Sinn. Wie Geologen oder Archäologen suchen die Autoren daher in Gedankenschichten Miteingebettetes, nicht Artikuliertes zu heben, organische Strukturen wie unterm Mikroskop auf ihr anorganisches »Gewimmel«, ihre molekularen Prozesse hin zu durchleuchten, um diese untergründigen Kräfte aufzugreifen und zu verlängern, ihre unbewussten Antriebe zu eigenen Schubkräften zu machen und daraus ein Denken zu gewinnen, das seine Herkunft aus dem anderen nicht mehr kennt. »Was einzig zählt, ist, dass jeder, Einzelwesen oder Gruppe, den Immanenzplan erstellt, auf dem er sein Leben und seine Unternehmung betreibt. Außerhalb dieser Bedingungen fehlt tatsächlich etwas – nämlich die Bedingungen, die das Begehren allererst möglich machen.« (Dia, 104)

Der Immanenzplan des Denkens, schon weil er sich aus den »Quasi-Ursprüngen« des Unbewussten und dessen unvordenklichen Zeitsynthesen, auch Simulakren genannt, zusammensetzt, kann nie ausgeschöpft oder endgültig ergründet werden. Er kann nur erschlossen werden aus Zeichen und Wirkungen. Seine differentielle Natur ist eine nachträgliche Forderung – gewonnen aus den beobachtbaren Produktionsprozessen von Natur und Gesellschaft, die für die Autoren nur unterhalb ihrer anthropomorphen Zurichtung oder staatlichen Strukturierung beachtenswert sind. Dank der Grundlegung von Begriffsbildung und Planzeichnung in einem zeitlich-unbewussten Ungrund, der ihre Begründung letztlich unmöglich werden, weil in der Vergegenwärtigung bereits vergangen sein lässt, spricht Deleuze auch davon, dass das Innerste des Immanenzplans zugleich sein Außen ist, äußerlicher als jedes Außen und innerlicher als jede Immanenz. Dieses »Außen« wird ab *L'Anti-Oedipe* nicht mehr als das individuelle Unbewusste, sondern als das ungeschiedene Ganze von Natur und Gesellschaft, als deren mikrostrukturelles Kontinuum und deren fortgesetzte Autogenese, gedacht. *Kapitalismus und Schizophrenie*, der Untertitel dieser Schrift, weist diese beiden Prozesse als derart autogenetische Vorgänge, einmal des Kapitals, einmal der Wunschproduktion aus: Der Schizophrene steht für den Typus, der der Kontrolle des Selbst so weit verlustig gegangen ist, dass er das Natürliche und das Gesellschaftliche als ungeschiedene Produktion und sich selbst als vitalen Teil dieser Produktion erfährt.

Diesem unerschöpflichen Produktionsprozess denkerisch zu entsprechen ist das Ethos der deleuzeschen Philosophie. Aufgabe des Philosophen ist mithin die fortgesetzte denkerische Differenzierung des Gegebenen, genauer der vorgängigen Denkpläne in Begriffsarbeit und Plankonstruktion. Alte Denkpläne zerdehnen, um ihnen neue einzufügen, sie umbrechen auf in ihnen schlummernde Mikrostrukturen hin, die planimmanenten Zeichen und Begriffe verlängern auf andere Begriffe hin, diese flektieren, verkleinern, das differenzgenerierende Element aus ihnen herauslösen und erneut in sie injizieren – auf dass sie als anderes Denken erstehen. In diesem kreativen Sinn erweiterbar erscheinen die Immanenzebenen all jener philosophischen Ansätze, die nicht auf Universalien oder Urbildern basieren, im Denken nicht auf Repräsentation setzen, keinen Dualismus des Innen und Außen, keine immanenten Hierarchien und binären Unterteilungen vornehmen, keine Klassifikationen festschreiben und das Denken keiner Teleologie unterstellen.

Schon die Tatsache, dass Deleuze in dem letzten von ihm redigierten Text *L'immanence: une vie*[3]/*Die Immanenz: Ein Leben* eine Verknüpfung zwischen den beiden Termini erstellt, verrät die existentielle Bedeutung, die die »Immanenz« für ihn hat. Hier wird sie als »reiner a-subjektiver Bewusstseinsstrom«, als »prä-reflexives Bewusstsein« und als reines Begehren charakterisiert, während sie in der geologisch inspirierten Terminologie von *Mille Plateaux* als »glatter«, »nicht-stratifizierter«, »nicht-gekerbter« Raum wie Wüste und Meer wiedergegeben und dem »stratifizierten« und »gekerbten Organisationsplan« von Sprache, Organismus und Subjektivität gegenübergestellt wird. Als »Dauer« erscheint sie in den Bergson-Lektüren, als unendliche »Einfaltungen« in der Terminologie von *Le Pli. Leibniz et le baroque*. Entscheidend ist, dass ihre Aktualisierungen aufgrund der supponierten zeitlichen Differentialität immer als Hervorbringung von Neuem und als Eröffnung von Zukünftigem gedacht werden. Daher nennt sie Deleuze auch »unendliche Bewegung oder die Bewegung des Unendlichen. Sie ist es, die das Bild des Denkens konstituiert. (Qu, 45)

Begriffsbildung und Planzeichnung bedeutet daher nie Ausgang vom Nullpunkt, sondern Kreation einer Mannigfaltigkeit zweiten Grades. Diese Mannigfaltigkeit zweiten Grades, die aus zwei Unbekannten, dem »Undenkbaren des Woher« und dem »Bedenklichen des Wohin«, hervorgeht, eröffnet sich als zeitliche »Heterogenese«, als unbeendbare Differenzierung der als unendlich gedachten Differentialität, was Deleuze auch als Verhältnis von t/z formalisiert.

Auf diese Weise wächst dem Denken ein paradoxer Status zu, ist es doch Genese aus sich selbst und Selbstreflexion, zugleich immanent und transzendental, Grundlegung und Ausführung seiner eigenen Möglichkeit. Daher kann in der Begriffsarbeit zwischen Ebene und Plan, zwischen Wiederholtem und Wiederholung, letztlich nicht unterschieden werden: »Als vorphilosophisch oder gar nicht-philosophisch jedenfalls setzt die Philosophie die Macht des All-Einen, und zwar als eine wandernde Wüste, die von den Begriffen besiedelt wird [...]. Das Nicht-Philosophische ist vielleicht tiefer im Zentrum der Philosophie als die Philosophie selbst [...]. Der Begriff ist der Anfang der Philosophie, die Ebene aber ist deren Gründung.« (Qu, 49)

Ein Denkprozess in solch paradoxen Verhältnissen fordert zwangsläufig seine »Vermögen« des Fühlens, Wahrnehmens, Denkens heraus, überbietet sich selbst und treibt sich an seine eigene Grenze:

> »DIE Immanenzebene ist zugleich das, was gedacht werden muss, und das, was nicht gedacht werden kann. Sie wäre es, das Nicht-Gedachte im Denken. [...] Sie ist das Innerste im Denken und doch das absolute Außen. Ein noch ferneres Außen als alle äußere Welt, weil sie ein tieferes Innen als alle innere Welt ist: Das ist die Immanenz [...]. Vielleicht ist dies die höchste Geste der Philosophie: nicht so sehr DIE Immanenzebene denken, sondern zeigen, dass sie da ist, ungedacht in jeder Ebene.« (Qu, 69)

Philosophieren als personal-apersonale Aufdeckung von Gedankensedimenten und als Zeichnen von Plänen, als »Gegenverwirklichung« vorgängiger und Einfügung neuer Denkebenen in einen umfassenden Immanenzplan, wird in der späteren Phase als »Geophilosophie« bezeichnet: »Denken ist weder ein gespanntes Seil zwischen einem Subjekt und einem Objekt noch eine Revolution, ein Umlauf des einen um das andere. Denken geschieht vielmehr in der Beziehung zu dem Territorium und zu Terra, der Erde [...] Die Erde ist kein Element unter anderen, sie vereinigt alle Elemente in einer Umfassung, bedient sich aber des einen oder anderen zur Deterritorialisierung des Territoriums.« (Qu, 97)

Im Hinblick darauf kritisieren die Autoren auch das cartesianische Subjekt, das aus der Tatsache subjektiven Zweifels auf seine Existenz und die der Außenwelt schließen will. Dessen Versuch der Selbstvergewisserung im Bewusstsein halten sie entgegen, dass die Möglichkeit des Denkens nie aus dem Selbst, seinem Willens- und Erkenntnisakt, geschöpft werden kann, sondern von der Gegebenheit von »anderen« und von deren pluraler Vergegenwärtigung lebt. Erst diese anderen eröffnen in ihrem Sprechen und Sehen dem Subjekt eine Welt: »Der andere erscheint hier weder als Subjekt noch als Objekt, sondern – was etwas ganz anderes ist – als eine mögliche Welt. [...] Der andere ist eine mögliche Welt, wie sie in einem Gesicht, das sie ausdrückt, existiert und in einer Sprache wirksam wird.« (Qu, 22 f.) Dieser »andere«, dieser rhetorische Kollektivsingular, existiert nur als Pluralität von »Larvensubjekten« und ist mit jenem großen »Anderen« des lacanschen Gesetzes und des Namens des Vaters gerade nicht deckungsgleich. Er ist weder Autorität noch Repräsentant der männlichen Filiation, sondern Bedingung der Möglichkeit von Welt, transzendentale Instanz, die in der Immanenz »insistiert« und diese als vielfältige Bilder, Bewegungen, Aussagen und Sinn aktualisiert. »Der andere [...] wird die Bedingung darstellen, unter der sich nicht nur Objekt und Subjekt neu verteilen, sondern auch Figur und Hintergrund, Ränder und Zentrum, Bewegliches und Bezugspunkt, Transitives und Substantielles, Länge und Tiefe.« (Qu, 24 f.)

Auf den anderen als »*Struktur, die das gesamte Feld bedingt*« (LdS, 372), kommt Deleuze bereits in einem Michel Tournier und dessen Roman *Vendredi ou les limbes du pacifique* gewidmeten Aufsatz[4] zu sprechen: In seiner Lektüre des literarischen

Texts und der dort exponierten vermeintlichen Einsamkeit Robinsons auf einer Insel stellt er Überlegungen zu einer Welt ohne anderen an:

»Was geschieht, wenn der andere in der Struktur der Welt fehlt? Dann herrscht allein der brutale Gegensatz zwischen Sonne und Erde, zwischen einem unerträglichen Licht und einem finsteren Abgrund [...] Rohe und schwarze Welt, ohne Potentialitäten oder Virtualitäten; gerade die Kategorie des Möglichen ist zusammengebrochen. An Stelle relativ harmonischer Formen, die aus einem Hintergrund hervortreten, um gemäß einer Ordnung von Raum und Zeit in ihn zurückzutreten, nichts anderes mehr als abstrakte, gleißende und verletzende Linien, nichts anderes mehr als ein rebellischer und zugreifender Ungrund.« (LdS, 369)

Da die Blickwinkel der anderen die harten Kontraste in Zwischentönen brechen und in Abschattungen modulieren, wird der Immanenzplan schließlich mit der Begriffsbewegung gleichgesetzt, die den Immanenzplan entdecken und entfalten hilft. Der Begriff »durchläuft seine Komponenten, steigt unaufhörlich in ihnen auf und ab. In diesem Sinn ist jede Komponente ein *intensives Merkmal.*«(Qu, 26) Der Begriff wird als in sich selbst heterogen entfaltet, als einer, der nicht nur verschiedene Ebenen, sondern verschiedene Intensitätsquanten kennt, zudem von angrenzenden Begriffe tangiert wird, in welche er sich verlängert, so dass er unklare Konturen und Abgrenzungen erhält:

»Außerdem aber hat ein Begriff ein *Werden*, das nun sein Verhältnis zu anderen Begriffen auf derselben Ebene betrifft. Die Begriffe passen sich hier einander an, überschneiden einander, stimmen ihre Konturen aufeinander ab, bilden ihre jeweiligen Probleme [...] Denn mit einer endlichen Anzahl von Komponenten wird sich jeder Begriff in andere, anders zusammengesetzte Begriffe verzweigen, die jedoch andere Gebiete derselben Ebene konstituieren, anschließbaren Problemen entsprechen und an einer Mit-Schöpfung teilhaben.« (Qu, 24)

Ein dynamisches Geschehen wird hier skizziert, in welchem sich schillernde Begriffe entfalten, die mit anderen interferieren und verwachsen, sich selbst »überfliegen« und insgesamt eine Schöpfung zweiten Grades hervorbringen. Das »Plurivoke/Vielstimmige« des Begriffs ergibt sich neben seiner immanenten Vielfalt aus der Nachbarschaftsbildung, aus seinem »konnektiven« und »syntagmatischen« (Qu, 104) Vollzug. Er bringt minoritäre Größen zueinander, deren verwandte Rhythmen sich wechselseitig affizieren, wie Deleuze und Guattari am Beispiel des »Ritournells« in *Mille Plateaux* demonstrieren. Ein Vogel erscheint dann nicht länger durch seine Gattung oder Art bestimmt; seine Spezifik ergibt sich aus der Kombination von Verhaltens-, Farben- und Gesangsmerkmalen, aus der Markierung seines Feldes und der angrenzenden Bereiche und wird durch neue Kriterien erweitert und modifiziert. Daher lautet die abschließende Begriffsbestimmung: »Ein Begriff ist eine Heterogenese, das heißt eine Anordnung seiner Komponenten durch Nachbarschaftszonen [...]. Da er sich fortwährend nach einer bestimmten Ordnung ohne Abstand durchläuft, befindet sich der Begriff im Zustand des *Überfliegens* bezüglich seiner Komponenten [...] Er ist ein Ritournell.« (Qu, 27)

Aufgrund der häufig unscheinbaren und ephemeren Größen, die der Begriff nach Intensitätskriterien zusammenträgt und im Überflug konturiert, wird er auch »Ereignis« genannt: »Der Begriff sagt das Ereignis [...]. Er ist ein reines Ereignis schlechthin, eine Diesheit, eine Entität: Das Ereignis des anderen oder das Ereignis des Gesichts [...] Der Begriff definiert sich durch die *Untrennbarkeit einer endlichen Zahl von heterogenen Komponenten, die von einem absoluten Überflugspunkt mit unendlicher Geschwindigkeit durchlaufen werden.*« (Qu, 28) Verstanden in diesem dynamischen Sinn, eignet dem »Ereignis« des Begriffs die Potenz, Zukünftiges zum Vorschein zu bringen und »*Wider-*

stand gegenüber der Gegenwart« (Qu, 126) zu üben: »Denken bedeutet experimentieren, doch das Experiment ist stets das, was sich gerade ereignet.« (Qu, 129)

Strukturalismus und Poststrukturalismus

Um dieses »Felddenken« von Deleuze, das rund um 1968 und insbesondere in der Zusammenarbeit mit Guattari die Oberhand gewinnt, noch verständlicher zu machen, seien kurz die Grundzüge des Strukturalismus nach Lévi-Strauss skizziert. Deleuze geht vom strukturalistischen Modell, dem er eine kleine Schrift widmet, aus, um es sukzessive einem Verzeitlichungsverfahren zu unterziehen und jenem Modell anzunähern, das er in *Mille Plateaux* als Rhizom vorstellt.

Nach dem Vorbild der Linguistik bzw. der Phonologie, die das Spezifische einer Sprache nicht aus ihrer Sprachgeschichte, sondern aus den zeitenthobenen »differentiellen Merkmalen« ihrer Phoneme und deren Kombinatorik erklären, hebt der Strukturalismus mit einer Untersuchung der Phänomene in synchronen räumlichen Schnitten an. Vergesellschaftungsvorgänge werden nicht aus ihrer historischen Genese, sondern aus der Verteilung ihrer strukturbildenden Differenzen im Raum, der Art ihrer Unterschiedsbildung und der Variierung des grundlegenden strukturbildenden Unterschieds erklärt. Denn die besondere Struktur jeder Gesellschaft wird ermittelt entlang einer »Invariante«, die als transzendentales und je anders organisierendes Prinzip die Gesellschaften vergleichbar machen soll. Dieses invariante Prinzip ist für Lévi-Strauss das Inzestverbot bzw. die Heiratsregel, wie er sie in *Les structures élémentaires de la parenté* expliziert, deren Aus- und Einschlussprinzipien in jeder Gesellschaft, wenn auch in je anderer Verteilung, wirksam ist.

In seinem Aufsatz *Qu'est-ce que le structuralisme?* (1967)/ *Was ist der Strukturalismus?* bestimmt Deleuze als das Entscheidende des Strukturalismus, dass er das traditionelle binäre Erkenntnismodell von Realem und dessen Repräsentation durch einen »dritten Term«, das Symbolische, verzweigt, welches die Realität zum Ergebnis symbolischer Konstruktion auf der Basis differentieller Elemente werden lässt. Dieser dritte Term erlaubt dank der von ihm eröffneten Dreiecksbildung eine Organisation von Wissen in topologischen und relationalen Kriterien: »Was struktural ist, ist der Raum, aber ein unausgedehnter, präextensiver Raum, reines *spatium*, das allmählich als Nachbarschaftsordnung herausgebildet wurde.« (Str, 15) Subjekt und Sinn entstehen dann als »Effekte« der Feldorganisation, erklären sich aus Platzverteilung und Unterschiedsbildung im Feld: »Nicht allein das Subjekt, sondern die Subjekte, in ihrer Intersubjektivität begriffen, reihen sich dem Zug ein [...] die Verschiebung des Signifikanten [bestimmt] die Subjekte in ihren Handlungen, in ihrem Geschick, in ihren Weigerungen, in ihren Verblendungen, in ihrem Erfolg und ihrem Schicksal ungeachtet ihrer angeborenen Anlagen und ihren sozialen Erwerbungen.« (Str, 17) Das abendländische Verständnis des Subjekts wird damit einer revolutionären Umwertung unterworfen, da es nur mehr als »Unterworfenes« (assujetti) oder als »Rest«, wie Deleuze auch sagt, überlebt. Ebenso wird der Sinn nicht mehr als von einer transzendenten Instanz herrührend, sondern als Feldeffekt gedacht.

Von daher schätzt Deleuze am Strukturalismus dessen Materialismus, Atheismus und Antihumanismus: »Denn wenn der Platz den Vorrang hat vor dem, der ihn einnimmt, so genügt es gewiss nicht, den Menschen an den Platz Gottes zu stellen, um die Struktur zu ändern. Und wenn dieser Platz der Platz des Toten ist, so bedeutet der Tod Gottes ebenso den des Menschen, zugunsten, wie wir hoffen, eines Kommenden, das jedoch nur in der Struktur und durch ihre Umwandlung kommen kann.« (Str, 19 f.) Allerdings genüge es nicht, den Platz des transzendenten Signifikats zu leeren, um neue Erkenntnisse zu produzieren; vielmehr müsse die Struktur selbst als bewegliche und veränderliche konzipiert werden. Hier setzt Deleuzes Verschiebung des Strukturalismus ein, die ihn zu einer Kritik der als Invariante verstandenen Verteilungsregel und der Zeitlosigkeit des strukturalistischen Felddenkens führt. Im Hinblick darauf akzentuiert er die Leerstelle in der Struktur, die von dieser induzierte Verschiebung der Elemente und ihre feldimmanente Differenzproduktion. In seinem vitalistischen Anliegen setzt er den Strukturalismus selbst einem Werdensprozess aus, deutet die Invariante um in die Virtualität der Zeit, welche eine prinzipiell unendliche Vervielfältigung des Felds möglich macht: »Vielleicht bezeichnet das Wort Virtualität genau den Modus der Struktur oder den Gegenstand der Theorie.« (Str, 27) So transformiert er die Struktur in die Doppelebene des Virtuellen und Aktuellen und in deren unabschließbare wechselseitige Artikulation, welche er bis in seine Filmtheorie hinein immer wieder expliziert: »Von der Struktur wird man sagen: *real ohne aktuell zu sein, ideal ohne abstrakt zu sein* [...] Die Struktur eines Bereiches freizulegen, heißt, eine ganze Virtualität der Koexistenz zu bestimmen, die *vor* den Wesen, den Gegenständen und den Werken dieses Gebiets existiert.« (Str, 27 f.)

Dieser epistemologische Ansatz prägt nicht nur die Begriffsarbeit, sondern auch die Anlage gewisser Bücher von Deleuze (und Guattari), deren Kapitel als Serien und Schichten gebildet sind. So kennt bereits *Logique du sens* von 1969 eine strukturalistische Kapitelorganisation nach Serien und »paradoxen Elementen«. Radikalisiert erscheint das verräumlichende Denken in der Buchkonzeption von *Mille Plateaux*, welche als Schrift- und Gedankenverkettung zweier Autoren sich als multiples Sprechen auf »Tausend Ebenen« versteht:

»Ein Buch hat weder ein Objekt noch ein Subjekt, es besteht aus verschieden geformten Materien, aus den unterschiedlichsten Daten und Geschwindigkeiten. Wenn man das Buch einem Subjekt zuschreibt, lässt man diese Arbeit der Materien und die Äußerlichkeit ihrer Beziehungen außer Acht. Man bastelt sich einen lieben Gott zurecht, um geologische Vorgänge zu erklären. Wie bei allen Dingen gibt es auch in diesem Buch gliedernde und segmentierende Linien, Schichten und Territorien; aber auch Fluchtlinien, Bewegungen, die die Territorialisierung und Schichtung auflösen. [...] Das alles, die Linien und die messbaren Geschwindigkeiten, bildet ein *Gefüge*. Ein Buch ist ein solches Gefüge [...] Es ist eine Mannigfaltigkeit.« (TP, 12)

Die topologische Verteilung der differentiellen Elemente wird hier in ein dynamisch-paradoxes Modell überführt: Das Buch versteht sich als Immanenzebene, die einerseits unterschiedliche, nicht-hierarchisch geschichtete Wissensfelder umfasst, andererseits diesen selbst innerlich ist; quer dazu sollen zeitliche »Transversalen« einzelne Momente der unterschiedlichen Felder zueinander in Korrespondenz versetzen und die Wissensfelder immanent diversifizieren, so dass zuletzt jenes rhizomatische »Wurzelgeflecht« der »Konnexion und Heterogenität« (TP, 16) entsteht: »Ein Buch ist, entgegen einem fest verwurzelten Glauben, kein Bild der Welt. Es bildet mit der Welt ein Rhizom. Es gibt eine aparallele Evolution von Buch und Welt, wobei das Buch die Deterritorialisierung der Welt sichert, die Welt aber eine Reterritorialisierung des Buches bewirkt, das sich seinerseits in der Welt deterritorialisiert.« (TP, 22) Der poststrukturalistische Ansatz zielt mithin darauf ab, die gegebenen Strukturen in bewegliche Gefüge zu verwandeln, das Baumschema mit dem Rhizomschema zu überlagern, auf dass es seine binären

Verzweigungen und seine Abstammungsstruktur verliert und nach allen Richtungen zu wuchern beginnt.

Zu dieser Umschichtung der Wissens- und Denkorganisation gehört schließlich die Konzeption von »Begriffspersonen«, wie bereits in der Einleitung skizziert. Diese stehen für den Gedanken der »Heterogenese«, der fortgesetzten Hervorbringung von Differentem, schlechthin. Einerseits sollen sie die unpersönliche Autogenese des Denkens, andererseits dessen Konturierung unter einer personalen Figur, deren kräfteabhängige Dynamik und wertsetzende Auswahl wiedergeben. Die Begriffsperson wird daher als »Operateur der Bewegung« bezeichnet, welcher bei der Hervorbringung des Immanenzplans »interveniert« und zum anderen des Philosophen, zu seinem »Heteronym«, wird:

> »Ich bin nicht mehr ich, sondern eine Fähigkeit des Denkens, sich zu sehen und sich quer durch eine Ebene zu entwickeln, die mich an mehreren Stellen durchquert [...]. Es ist das Schicksal des Philosophen, seine Begriffsperson(en) zu werden, während zugleich diese Personen zu etwas anderem werden [...] Im philosophischen Aussageakt tut man nicht etwas, indem man es ausspricht, sondern man macht die Bewegung, indem man sie denkt, vermittels einer Begriffsperson [...] Wer ist ›ich‹? Immer eine dritte Person.« (Qu, 73)

Die Begriffsperson als Aussagesubjekt in der dritten Person, in welche sich der Autor entpersönlicht und diversifiziert, wird dabei abgesetzt von »ästhetischen Figuren« mit »Affekt- und Perzeptvermögen« (Qu, 74). Während gewisse Kunstwerke zu sehen geben, »Perzepte«, rein Wahrnehmbares, freilegen und vielleicht sogar Affekte des »Nicht-menschlich-Werdens des Menschen« (Qu, 199) produzieren, kommt den Begriffspersonen die Potenzierung und fortgesetzte Verschiebung des Denkvorgangs zu, um *»die absoluten Territorien, Deterritorialisierungen und Reterritoria-*

lisierungen des Denkens zu manifestieren« (Qu, 79). Im Sinne ihres ethischen Anliegens, der denkerischen Freilegung dessen, was vitaler ist als der Mensch, was ihm vorausliegt und auf ihn folgen wird, suchen die Autoren immer wieder unpersönliche Größen ausfindig zu machen – Essenzen und Ereignisse, Virtualitäten und Aktualisierungen, Perzepte, Affekte, Konzepte –, die die virtuelle Unendlichkeit, eine Welt diesseits und jenseits des Menschen, denkbar werden lassen oder zumindest evozieren.

Und so fassen sie das Philosophieren schließlich als »dreifaltige« Tätigkeit zusammen: *»die prä-philosophische Ebene, die sie entwerfen muss (Immanenz), die pro-philosophischen Personen, die sie erfinden und zum Leben erwecken muss (Insistenz), die philosophischen Begriffe, die sie erschaffen muss (Konsistenz)*« (Qu, 85 f.).

Aus diesen paradoxen Denkstrategien geht schließlich Deleuzes Selbstverständnis als Diener der Metamorphose und Arbeiter an der Zukunft hervor. Von daher verwundert es nicht, dass er sich gegen Ende seines Philosophierens dem Film als dem Zeitmedium schlechthin zuwendet. Für ihn gebe es keine qualitative Differenz zwischen Philosophie und Film, betont er immer wieder, da beide als lebendige Denkprozesse Kommendes vorformulieren:

> »Ich denke nicht, dass die Philosophie Reflexion über anderes ist, sei es Malerei oder Kino. Die Philosophie kümmert sich um Begriffe: sie bringt sie hervor, schafft sie. Die Malerei bringt einen bestimmten Typus von Bild, Linien und Farben hervor. Das Kino erzeugt einen anderen Typ von Bildern, Bewegungs- und Zeit-Bilder. Aber die Begriffe selbst sind Bilder, sie sind Gedankenbilder. Es ist weder schwieriger noch einfacher, einen Begriff zu verstehen als ein Bild zu betrachten.«[5]

Nicht nur den Film versteht er als Bild der Bewegung und als Selbstentfaltung der Zeit; er überträgt dieses Verständnis auch auf den Begriff.

So lässt sich Deleuzes (und Guattaris) gesamtes Verfahren von hier aus als »Feldarbeit in progress« bestimmen, zum Zweck der Versammlung korrespondierender Singularitäten zu Ritournellen und der Absteckung neuer Intensitätsebenen nach Maßgabe affektgeleiteter Begriffsarbeit. Dabei fungieren die Denkpläne vorgängiger Denker als Katalysatoren der neuen Begriffsbewegung, die sich intensiviert, verzweigt, mit anderen Begriffen verkoppelt, bis das Denken des anderen als anderes Denken erscheint. Auf diese Weise revirtualisiert Deleuze Denkpläne solch bekannter Namen wie Hume, Bergson, Spinoza, Proust, Kant und Nietzsche, wie nun darzulegen sein wird. Dabei verwandelt er deren Denksedimente in filmnahe Zeitprozesse und stellt darin Gegenläufiges und Widerstreitendes als in die Zukunft treibendes, nicht zu Ende denkbares Spannungsgefüge heraus.

2. Frühe Lektüren philosophischer Denker

Affekt und Einbildungskraft

Deleuzes erste Schrift mit dem Titel *Empirisme et subjectivité. Essai sur la nature humaine selon Hume/David Hume* (H) von 1953[1] geht der »*Psychologie der Affekte des Geistes*« im Denken des englischen Empiristen David Hume nach. In seiner Darstellung von dessen ausdrücklich nicht psychologisch, sondern moralisch und soziologisch genannter Abhandlung werden rückblickend Ansätze erkennbar, die für sein späteres Philosophieren wichtig geworden sind. Schon die anfängliche Betonung, dass für Hume der Geist nicht gegeben, sondern durch naturgegebene Affektionen und das Soziale konstituiert werde, weist auf Deleuzes Auffassung von der passionellen Autogenese des Geistes und auf seine Verknüpfung der Affekte mit dem Gesellschaftlichen spätestens ab *L'Anti-Oedipe* voraus. Das mit Hume artikulierte »Grundprinzip des Empirismus, das Differenzprinzip« (H, 108) und dessen Suche nach den kleinsten Einheiten des Geistes wird ebenfalls bestimmend für Deleuzes Philosophie. Wenn er an Humes Auffassung der Perzeptionen herausstellt, dass diese »eines Trägers ihrer Existenz überhaupt unbedürftig« (H, 105) erscheinen, so klingen bereits seine in den Kinobüchern entfalteten »Perzepte« an. Die von Hume als das ursprüngliche und grundlegende Vermögen profilierte Einbildungskraft, die den menschlichen Geist hervorbringt und gleichzeitig über sich hinausgreifen lässt, wird in *Différence et répétition* als primäre, zeitkontraktierende Funktion bestimmt, welche wie eine »photographische Platte [...] das eine fest[hält], wenn das andere erscheint. [...] Das ist alles andere als ein Gedächtnis oder eine Operation des Verstandes: Die Kontraktion ist keine Reflexion. Strenggenommen bildet sie eine Synthese der Zeit.« (DW, 99) Mit Hume beklagt er deren unrechtmäßige Einschränkung durch die rationalen Vermögen wie Verstand und Vernunft. In seiner Kant-Lektüre bemüht er sich daher um die Offenlegung der Beweglichkeit der Vermögen gegeneinander durch Verweis auf deren phantasiebedingte Inkongruenz. Phantasie/ Imagination wird als das Vermögen des »Überstiegs«, der Entgrenzung schlechthin begriffen; es versetzt die Vermögen ins Unverhältnis zueinander und gibt eben darin den Ort der »Versammlung voneinander getrennter Individuen« ab. »Als der Zusammenhang der Vorstellungen ist sie die Bewegung, die vom einen Ende des Weltalls zum anderen eilt.« (H, 10) Diese Besonderheit der Phantasie, intra(in)dividuelle wie inter(in)dividuelle Vielfalt in Einheit zu garantieren, ja nur als »kollektive Halluzination« gegeben zu sein, wird ab *L'Anti-Oedipe* wiederholt gegen die ans Individuum gebundene Psychoanalyse vorgebracht: »Ein Allgemeininteresse existiert nur aufgrund der Einbildungskraft, von Kunstmitteln oder der Phantasie; nichtsdestoweniger ist es als Menschlichkeit, als Kultur Teil der natürlichen Konstitution des Geistes. [...]. Also beruht die Aktivität des Geistes im Bereich des Affekts wie in dem der Erkenntnis auf der Phantasie. Es gibt somit einen moralischen Schematismus.« (H, 164 f.) Schon hier wird erkennbar, dass Deleuzes ethischer Ansatz mit der Idee der Inhärenz gesellschaftlicher Mannigfaltigkeit im einzelnen Geist und dessen immanenter Vervielfältigung verbunden ist. Von dieser Idee der Entwicklung eines »intensiven« Schematismus als intra- und inter(in)dividueller geistiger Bewegung scheint Deleuzes gesamter Einsatz angeleitet zu sein.

Im Sinne der Befreiung der Einbildungskraft hinterfragt er mit Hume scheinbare Naturgesetze wie das Kausalitätsprinzip, weist es als mentale Konstruktion auf der Basis von Wahrscheinlichkeitsbeobachtungen aus. Ebenso wenig sei die »Relation« zwischen Dingen ein diesen inhärentes Merkmal. Ausgehend von der Annahme, dass wir letztlich nie zu Ursachen vordringen können und die angebbaren Ursachen nur vermeintliche sind, wird die Wissenschaft allgemein als Lehre von den Wirkungen und die Philosophie als »Kritik der Repräsentation« verstanden: Das Denken hat keine angebbaren Ursachen, etwa im Verstand angesiedelte Ideen. Ideen sind keine zu verortenden Objekte, allenfalls Schemata, Konstruktionsregeln, Assoziationen der Einbildungskraft auf der Basis von deren Affektionen und Perzeptionen. »Geist ist ja in der Tat nicht Vernunft, sondern vernünftig zu sein ist eine Affektion des Geistes.« (H, 21) Subjekte konstituieren sich durch Selbstfixierung und -reflexion der Einbildungskraft, in deren zeitlichen Synthesen, die Deleuze »Gewohnheit« nennt; diese Gewohnheitsbildung wiederum hängt von der Bildung von Gedächtnis und Erinnerung ab: »Es ist [...] die Gewohnheit, die sich als Synthese erweist; und Gewohnheit ist gleichbedeutend mit Subjekt. Erinnerung ist die ehemalige Gegenwart, nicht die Vergangenheit. Nicht einfach, was gewesen ist, ist als Vergangenheit zu bezeichnen, sondern was nötigt, was wirkt, was drängt.« (H, 115) Hier werden bereits jene paradoxen Zeitverhältnisse der Kopräsenz von Vergangenheit und Gegenwart skizziert, die Deleuze in seinen Bergson- und Proust-Lektüren und systematisch in *Différence et répétition* und *Logique du sens* entfalten wird. Der Gedanke einer doppelten Zeitlinie wird noch seine Filmauslegungen grundieren.

Seine kleine Schrift *La philosophie critique de Kant* (PK) von 1963, die im Sinne einer Einführung in Kants »Kritiken« das Verhältnis der Vermögen von Verstand, Urteilskraft und Vernunft zueinander erörtert, ist nach eigenem Bekunden ein »Buch über einen Feind [...], von dem ich zu zeigen versuche, wie es funktioniert, welches sein Räderwerk ist: Gerichtshof der Vernunft, rechtmäßiger Gebrauch der verschiedenen Vermögen – eine Unterwerfung, die umso scheinheiliger ist, als man uns den Titel von Gesetzgebern verleiht.« (U, 15)[2] Seine Darlegung des inneren Mechanismus des kantschen Systems läuft denn auch auf den Vorwurf hinaus: Kant habe zwar die philosophische Aufgabe einer Autokritik des Denkens beispielhaft in Angriff genommen, das Projekt der Vernunftkritik letztlich aber verraten, da er durch die Hintertür unkritische Annahmen wieder eingeführt habe, wie den guten Willen (le bon sens) zum Denken, den Gemeinsinn (le sens commun) als Voraussetzung intersubjektiver Urteilsbildung, die Achtung vor dem Sittengesetz, eine »Zweckmäßigkeit« der Natur und den Menschen als »Endzweck« und Existenzgrund der Vernunft. »Nicht kritisch« lautet Deleuzes abschließendes Urteil über das kritische Projekt Kants angesichts dieser zahlreichen Voraussetzungen.

In der für ihn typischen Vorgehensweise wiederholt er gleichwohl gewisse Ansätze Kants, um sie zuzuspitzen und in anderes zu wenden. So übernimmt er Kants Auslegung von Raum und Zeit als Aprioris der Anschauung und deutet deren Loslösung von der Bewegung als unhintergehbare Signatur der Moderne: »Die Zeit *out of joint*, die aus den Angeln gehobene Tür, bedeutet die erste große kantische Umkehrung: Sie ist die Bewegung, die sich der Zeit unterordnet.«[3] Diese absolut gewordene, »leere« Zeit, welche nunmehr alles als ihre Wirkungen hervorbringt, lässt die Genese des Subjekts als Vorgang erscheinen, der sich in zunächst passiven, später aktiven Zeitsynthesen vollzieht. Aber auch literarische Texte, Gemälde, Filme und musikalische Kompositionen versteht Deleuze primär als Hervorbringungen der Zeit, die, wenn sie denn Kunstwerke sind, ihren

Ausgang in der Zeit als Chance zu immanenter zeitlicher Vervielfältigung begreifen, wie er es an den Texten Prousts und Kafkas, den Bildern von Francis Bacon oder dem filmischen *Zeit-Bild* herauszustellen sucht.

An Humes wie an Kants Darlegungen interessiert ihn der Einsatzpunkt, von welchem aus das Verhältnis der Vermögen zueinander als bewegliches und nicht-konkordantes, die supponierte Harmonie und komplementäre Distribution sprengendes, gedacht werden kann. So verschärft er die von Kant in der *Kritik der Urteilskraft* erläuterte Herausforderung der Vermögen durch das »Übersinnliche« und Erhabene zu einem agonalen Prozess:

»Das Erhabene geht in dieser Hinsicht noch weiter: Es bringt die verschiedenen Vermögen auf eine Weise ins Spiel, dass sie einander wie Kämpfer gegenübertreten, dass eines das andere an sein Maximum oder an seine Grenze treibt, das andere aber reagiert, indem es das erste wiederum zu einer Eingebung treibt, die es nicht von ganz alleine gehabt hätte. Das eine treibt das andere an seine äußerste Grenze, jedes aber lässt das eine die Grenze des anderen überschreiten. Die Beziehung zwischen den Vermögen ergibt sich aus dem tiefsten Innern ihrer selbst und zugleich daraus, worin sie einander am fremdesten sind.«[4]

Seine differentielle und »spaltende« Lektüre unterstreicht den Abstand und »diskordanten Einklang«[5] der Vermögen und lässt ihn von einem »Sturm im Innern eines Abgrunds«[6] als Grundzug aller Denkprozesse ausgehen. Auf diese Weise mündet sein Durchgang durch Kant in eine Umkehrung der kantschen Annahmen: Das Verhältnis der Vermögen erscheint als rein konfliktuelles, der gute Wille des Denkers als Haltung, die ihre unbewussten Antriebe verkennt oder verleugnet, der kategorische Imperativ als Weise der Selbstunterwerfung unter die Herrschaft der Vernunft, als Verrat an der Idee der Freiheit und damit als amoralisch. Diese Amoralität als mögliche Konsequenz des kategorischen Imperativs, wie sie de Sades Perversionen vorführen, beleuchtet Deleuze insbesondere in seiner Schrift *Présentation de Sacher-Masoch* und weist sie als naturvernichtende und mörderische aus.

Vitalistische Wertsetzung, genealogische Kritik

Die Lektüre Nietzsches, wie sie Deleuze in seiner 1962 veröffentlichten Studie *Nietzsche et la philosophie* (N) präsentiert, ist neben der von Spinoza seine affirmativste. Nicht zufällig eröffnet die deutsche Ausgabe *Nietzsche und die Philosophie*[7] mit dem Satz: »Das allgemeinste Vorhaben von Nietzsche ist dies: in die Philosophie die Begriffe von Sinn und Wert einzubringen.« (N, 5) Von Nietzsche übernimmt er nicht nur die Auffassung, dass Philosophieren Wertsetzung, differenzierende Kritik und Umwertung sei; er unterzieht Nietzsches Texte selbst einer wertenden und kritischen Lektüre, die einen bis dato nicht bekannten Nietzsche erstehen lässt.

Dieses kritische und wertende Verfahren gewinnt in der Lektüre von Nietzsche besondere Schärfe und Aktualität, insofern dessen Schriften, vereinnahmt durch die nationalsozialistische Ideologie, auf ihre Grundlegungen, Wertsetzungen und nicht zuletzt auf den Gedanken des »Willens zur Macht« hin zu befragen sind. Insbesondere die von Nietzsches Schwester Elisabeth Förster-Nietzsche posthum edierte Textsammlung *Vom Willen zur Macht* hatte der verhängnisvollen NS-Rezeption Vorschub geleistet.

Vor diesem Hintergrund lässt sich Deleuzes Unterfangen als eines charakterisieren, das den Gedanken des »Willens zur Macht« zu sezieren beginnt, in seine Komponenten zerlegt und wie unter der Lupe auf seine immanenten Bedingungsverhältnisse überprüft. Das Ergebnis ist eine Deutung, die alles andere als den herkömmlicherweise damit verbundenen Herrschaftsanspruch in den Vordergrund rückt. Der »Wille zur Macht« wird als vitale Selbstaffirmation des Willens, als »Wille zum Willen« gelesen und damit gerade als Kritik des traditionellen Machtbegriffs: »Die Macht ist das, was im Willen will. Die Macht ist das genetische und differentielle Element im Willen. Daher ist der Wille zur Macht wesentlich schaffend.« (N, 93) »Macht« wird hier dezidiert nicht als Beziehung der Anerkennung und Repräsentation erörtert – das wäre mit Nietzsche die Sichtweise des Sklaven –, sondern als »Mächtigkeit/Potenz«, als Selbsthervorbringung der Kräfte und deren differenzgenerierendes Prinzip, dank welchem die Kräfte und Vermögen sich wechselseitig potenzieren, zu singulären »Entitäten« werden und neue Positionen des Denkens generieren. Die Haltung, die solche Prozesse blockiert oder nicht befördert, wird von Nietzsche als »Ressentiment« bezeichnet, da sie *»die aktive Kraft von dem (trennt), was sie kann«* (N, 64). Diese vitalistische Auffassung der Macht als Artikulation multipler Kräfte und ihrer wechselseitigen Beförderung polemisiert ebenso gegen Hegels Dialektik und deren Verfahren der Negation und Aufhebung wie gegen Schopenhauers Nihilismus. Im Durchgang durch das Begriffsfeld des »Willens zur Macht« sucht Deleuze dessen produktive Mikroverhältnisse hervorzukehren, um unterhalb der offiziellen Lesart eine tiefere, vitale Logik sichtbar werden zu lassen. Mit keinem anderen Denker hat Deleuze sein Sprechen zu zweit auf derart empathische Weise, bis hin zur Ununterscheidbarkeit der Sprechenden, praktiziert; keinen anderen Denker hat er derart »revirtualisiert«, um ihn neuen Interpretationen zu eröffnen.

Mit Nietzsche gelingt ihm daher die Formulierung des Projekts einer »wahren«, weil wertsetzenden Kritik, jenseits von Kant:

»Darin gerade, dass Kant die wahre Kritik nicht geleistet hat, weil er deren Probleme nicht in Begriffen von Werten zu stellen wusste, kann einer der Hauptantriebe des Werkes von Nietzsche ausgemacht werden [...] Die Philosophie der Werte, wie er sie begreift und entwirft, bildet die wahre Realisierung der Kritik, die einzige Weise, ›mit dem Hammer‹ zu philosophieren. In der Tat implizierte der Begriff der Werte eine *kritische* Umwälzung.« (N, 5)

Diese evaluierende Methode führt ein genetisches und verzeitlichendes Moment in die Begriffsarbeit ein, wodurch diese der angestrebten Autopoiesis und Neuheitsproduktion näher rückt: »Das kritische Problem ist dies: der Wert der Werte, die Wertschätzung, aus denen ihr Wert hervorgeht, folglich das Problem der *Erschaffung*.« (N, 5) Schöpferisch wird das Denken in Verbindung mit jenem prozeduralen Ethos, welches mit der Affirmation des Vorgegebenen beginnt, um es sukzessive zu differenzieren und, wie an Nietzsche selbst vorgeführt, aus unzulässig vereinheitlichenden und festschreibenden Lektüren herauszuführen.

Nietzsches »Genealogie der Moral« ist für Deleuze ein solches Verfahren ethischer Begriffsarbeit. Herrschende Werte werden in geschichtlicher Rekonstruktion auf die in ihnen enthaltenen wertsetzenden Annahmen hin untersucht: »Genealogie bezeichnet das differentielle Element der Werte, dem ihr Wert selbst entspringt. Sie meint demnach Herkunft oder Entstehung, aber auch Differenz und Distanz in der Herkunft.« (N, 6) Zur Erfassung dieser differentiellen Elemente in den Werten bedarf es einer sezierenden Vorgehensweise nach Art eines Arztes, die die Zeichen in ihre Komponenten zerlegt und die »Kräfte« erhellt, die in ihnen wirksam sind: »Ein Phänomen ist weder eine Erscheinung noch bloßer Schein, sondern ist ein Zeichen, ein Symptom, das seine Bedeutung, seinen Sinn in der aktuellen Kraft findet. Die Philosophie als Ganze erstellt eine Symptomatologie oder eine Semiologie.« (N, 7) Dank dieser genealogischen Methode wird die Philosophiegeschichte als Abfolge von Kräfteverhältnissen lesbar; Kritik wird zu einem »aktiven Ausdruck eines aktiven Existenzmodus« (N, 7). Zeichen unterstehen zwangsläufig einer pluralen Lektüre, wenn sie ins Verhältnis zu den Kräften gesetzt werden, die auf sie einwirken oder die sie freisetzen, wenn sie in dynamische Kräftefelder eingebunden erscheinen: »Sinn ist demnach ein komplexer Begriff: stets existiert eine Pluralität des Sinns, eine *Konstellation*, ein Komplex von Aufeinanderfolgen, aber auch von Koexistenzen, der die Interpretation zur Kunst werden lässt.« (N, 8) Interpretation, so verstanden, zielt nicht auf hermeneutische Eröffnung einer Bedeutung hinter den Zeichen, sondern auf Offenlegung der Kräfte, welche die Denkvorgänge antreiben und ihnen Mehrdeutigkeit verleihen: »Einem Ding kommen so viele Sinne zu, als Kräfte fähig sind, sich seiner zu bemächtigen.« (N, 9) Eine solch multiperspektivische Lesart mündet zwangsläufig in einen »Pluralismus«, der »eins mit der Philosophie selbst [ist]. Er bildet den eigentlich philosophischen, von der Philosophie erfundenen Modus des Denkens: alleiniger Garant der Freiheit im konkreten Geist, einziges Prinzip eines ungestümen Atheismus.« (N, 8) Genealogie, pluralistische Wertanalyse und Kritik sind mithin die Verfahren der Sinnstiftung, die, weil immanent, für Deleuze die einzig zulässigen sind. Nur sie geben Auskunft über die »Lebensmächtigkeit« des Existierenden, das Deleuze – in Wiederaufnahme Humes – erneut als Affizierbarkeit bestimmt: »Das Vermögen, affiziert zu werden, bedeutet nicht notwendig Passivität, sondern Affektivität, Sensibilität, Empfindung.« (N, 70)

In diesem Prozess der Umwertung erfährt denn auch die christliche Moral eine nachhaltige Kritik. Ihrer weltverneinenden Haltung und ihrer Fixierung auf Leiden und Sünde wird eine – der griechischen Tragödie abgelauschte – Haltung der Affirmation des Leidens angesichts der Vielfalt lebendiger Prozesse, ein Begriff des Tragischen als »Freude am Vielen« (N, 22) und eine »dynamische Heiterkeit« entgegensetzt. An die Stelle der Abwertung des irdischen Lebens tritt eine Bejahung seiner präsubjektiven Fülle, welche zuletzt die Selbstüberwindung des Menschen verlangt: *»Die Zerstörung als aktive Zerstörung des Menschen, der zugrunde gehen und überwunden werden will*, ist die Ankündigung des Schaffenden.« (N, 192) Insofern entgeht auch der Begriff des »Übermenschen« nicht einer Umwertung: Das »Über« desjenigen, der das differentielle Moment im Willen bejaht und das Lebendige befreien hilft, wird verstanden als Überwindung des Selbst und derjenigen Instanz im Bewusstsein, die sich ins Verhältnis zu den anerkannten Mächten setzt und von daher ihren Wert bezieht. Der neue Typus, selbst- und überich-los geworden, ist dagegen eine Mannigfaltigkeit von Mikro-Ichs, die schon dank ihrer Affizierung durch multiple Kräfte sich fortwährend in Metamorphose befinden und darin einem »Ahuman-Werden« entgegengehen. Dionysos, der griechische Gott, der ritualhaft zerstückelt und wieder zusammengesetzt wird, ist dessen Begriffsperson.

In Umwertung der gesamten Philosophiegeschichte nimmt Nietzsches *Genealogie der Moral* schließlich eine Kritik von Vernunft und Wahrheit und des Willens zur Wahrheit vor. Sie setzt ihm den »Willen zum Falschen« entgegen, da alles Leben, wie Deleuze Nietzsche weiterführt, ursprungs- und vorbildlos, mit Simulakren und Maskerade als vitalen Artikulationen beginnt: »Die Aktivität des Lebens ist gleichsam eine Macht des Falschen: täuschen, verschleiern, blenden, verführen.« (N, 112) Der Begriff der »Mächte des Falschen« kehrt als genetisches Prinzip des »Kristallbilds« in Deleuzes zweiter Filmstudie *Cinéma 2. L'Image-Temps/Das Zeit-Bild. Kino 2* (ZB, S. 168-204) wieder, wo er die Selbstgenerierung des Zeit-Bildes aus den Simulakren der primären Zeitsynthesen zu bezeichnen hat (vgl. Kap. 5). Ein solches, aus afigurativen Elementen hervorgehendes und sich ununterbrochen transformierendes Bild schafft »ein neues Bild des Denkens«, in dem »das Wahre kein Element des Denkens mehr bildet. Das Element des Denkens ist der Sinn und der Wert.« (N, 114) Im Hinblick darauf tritt an die Stelle der ontologischen »Was-ist«-Frage jene nach den Trägern der Werte. »Was ist das Schöne?« wird durch: »Wer ist schön oder gut?«, die Ontologie durch Symptomatologie und Typologie ersetzt.

Dank seiner begrifflichen Auffächerung entdeckt Deleuze zuletzt sogar in Nietzsches Formel von der »Wiederkehr des Gleichen« ein genetisches Moment, das die Wiederkehr des Gleichen zur Wiederkehr des anderen werden lässt: Was auf dem tiefsten Grund wiederkehrt, ist die Wiederkehr selbst, nicht das Sein in Identität, sondern dessen ewiges Werden und damit Differenz: »›*Wiederkehren ist dies Sein des Werdenden*‹ [...] Wiederkehr macht selbst das Sein aus, insoweit dieses im Werden und im Vergehen sich bejaht.« (N, 54 f.) Mit dieser Verwandlung des tragischen Diktums Nietzsches in ein positiv-generatives Prinzip schlägt Deleuze auch eine Brücke zu Bergson.

Vervielfältigung von Stimme und Zeit

Die Monographie *Le bergsonisme/Henri Bergson. Zur Einführung*[8] (HB) von 1966 teilt bereits im ersten Satz die Begriffe mit, die Bergsons Schriften entnommen und zu entscheidenden Bausteinen des deleuzeschen Denkens werden. »Dauer (durée), Gedächtnis und Elan vital sind die Begriffe, die die großen Entwicklungslinien der Philosophie Bergsons bezeichnen. Dieses Buch möchte bestimmen, in welchem Verhältnis sie zueinander stehen und was mit ihnen geleistet ist.« (HB, 23) Zunächst also arbeitet Deleuze Bergsons Zeitkonzeption heraus, die in den späteren Bergson-Lektüren der Kinostudien um dessen Auffassung von Bewegung und Bild erweitert werden. Am Begriff der Dauer, den Bergson gegen das überkommene Verständnis von Zeit als lineare, teilbare Größe zählbarer Quanten (von Tagen, Stunden, Minuten usw.) entwirft und als unteilbaren, qualitativen Zeitstrom versteht, evaluiert Deleuze dessen Status als vorbegriffliche ontologische Differenz und als Werdensprinzip: »Die Dauer, die ihm immer weniger auf eine psychologische Erfahrung reduzierbar zu sein scheint, wird zur veränderlichen Essenz der Dinge und avanciert zum Bezugspunkt einer komplexen Ontologie.« (HB, 50) Nicht nur Subjekte, sondern alles Erscheinende ist aufgrund seiner inneren Zeitlichkeit nicht nur von anderen, sondern in sich selbst unterschieden. Aber auch die Zeit selbst wird als »innere Vielheit, eine Vielheit des Nacheinander, der Verschmelzung, der Organisation, der Heterogenität, der qualitativen oder Wesensunterscheidung, eine Vielheit, die virtuell und kontinuierlich ist« (HB, 54), gedacht. Deleuze konzipiert sie mit Bergson als Doppelzeitlichkeit von Gegenwart und »Vergangenheit-Zukunft« (LS, 20), wobei Letztere ob ihrer Unendlichkeit virtuell, ihre unausgesetzte Vergegenwärtigung dagegen aktuell genannt wird: Dauer ist »das Virtuelle, das sich aktualisiert, das von der Bewegung seiner Aktualisierung untrennbar ist. Denn die Aktualisierung vollzieht sich durch Differenzierung.« (HB, 59) Will man Gegenwart denken, muss man ihre Vergegenwärtigung als Werden und Vergehen auf der Linie der Unendlichkeit denken, welche, weil immer schon vorgängig, auch als »reine Vergangenheit« bezeichnet wird: »Die Vergangenheit folgt nicht der Gegenwart, sondern wird von dieser im Gegenteil als Bedingung schlechthin vorausgesetzt, ohne die sie nicht vergehen könnte. Anders ausgedrückt, jede Gegenwart verweist auf sich selbst als Vergangenheit.« (HB, 79) Wie in der Hume-Schrift betont Deleuze daher die Koexistenz von Vergangenheit und Gegenwart. Da die Gegenwart als fortgesetzt werdende die Vergangenheit in ihrer Unendlichkeit wiederholt und »gegenverwirklicht«, wird sie auch als die *»am höchsten kontrahierte Ebene der Vergangenheit«* (HB, 96) bestimmt. Diese Umdeutung der Zeit lässt zwangsläufig auch das Raumverständnis nicht unangetastet: »Denn der Raum ist dann keine Form bloßer Äußerlichkeit mehr, eine Art entstellender Bildfläche für die Dauer [...]; er muss in den Dingen selbst, in den Beziehungen zwischen den Dingen und den Zeitfolgen fundiert sein.« (HB, 67) Der Raum wird nicht mehr wie bei Descartes als Materie oder Ausdehnung verstanden, sondern als »Schema« der Materie; nicht das Ausgedehnte ist im Raum als in einem Behälter, sondern der Raum unterhält ein Wiederholungsverhältnis zur Zeit, aktualisiert seinerseits seine Virtualität in Materie und Ausdehnung.

Im Rahmen dieser Umdeutung von Raum und Zeit wird auch die Genese des menschlichen Subjekts als Aktualisierung der virtuellen Dauer und als deren Fixierung in Gedächtnis und Bewusstsein expliziert. Gedächtnis sei die »Koexistenz aller *Differenzstufen* innerhalb dieser Vielheit und Virtualität. Der Elan vital schließlich bezeichnet die Aktualisierung dieses Virtuellen entlang der *Differenzierungslinien*, die diesen Differenzstufen entsprechen – bis hin zur Entwicklungslinie des Menschen, wo der Elan vital ein Bewusstsein von sich gewinnt.« (HB, 142) Was mit Nietzsche Kraft und Bewertung hieß, heißt nunmehr »Elan vital«, seine Funktion ist die nämliche: aus dem Virtuellen auswählen, aktualisieren und potenzieren, neue Positionen des Denkens generieren.

Bei seinen Erläuterungen der virtuellen Zeit betont Deleuze wiederholt deren Unterschied zur Kategorie der Möglichkeit. Das Virtuelle ist nicht mit dem Möglichen zu verwechseln, da dieses im aristotelischen Potenz-Akt-Schema als Präformation des Wirklichen nach dem Modell der Ähnlichkeit und der Zeitform des »noch nicht« gedacht wird. Das Virtuelle dagegen, als unendliche Differentialität konzipiert, bedeutet in seiner Aktualisierung immer Unähnlich-Werden, Metamorphose, Differenzierung.

»Wenn sich die Virtualität aktualisiert, differenziert und entwickelt, wenn sie ihre Teile aktualisiert und entwickelt, dann tut sie dies, indem sie divergenten Linien folgt, die aber jeweils einer ganz bestimmten Stufe in einer virtuellen Totalität entsprechen. Dort haben wir kein koexistierendes Ganzes mehr, lediglich Aktualisierungslinien, *die teilweise aufeinander folgen, teilweise gleichzeitig sind*, aber jedes Mal eine Aktualisierung des Ganzen in einer bestimmten Richtung verkörpern und sich nicht mit den anderen Linien und Richtungen verbinden.« (HB, 126)

Im Dienste der Aktualisierung des Virtuellen entwickelt Bergson eine Methode der »Intuition«, die, wenn auch nicht unter diesem Namen, für Deleuze verbindlich wird: »Wesentliches Merkmal dieser Methode ist, dass sie *problematisiert* (die Kritik falscher und das Ersinnen wahrer Probleme), *differenziert* (Ausschnitt und Kreuzpeilung) und *verzeitlicht* (in Begriffen der Dauer denken).« (HB, 51)

Auch in der zwei Jahre später publizierten Schrift *Spinoza et le problème de l'expression/Spinoza und das Problem des Ausdrucks*[9] (S), in welcher Deleuze parallel zu seiner zeitgleichen Schrift *Différence et répétition* eine Ontologie der Univozität – der expressiven Einheit des Vielstimmigen – zu entfalten sucht, geht es um Fragen eines vitalistischen Denkens. »Bei Spinoza steht *die ganze Theorie des Ausdrucks im Dienste der Univozität*, und ihr ganzer Sinn ist es, das univoke Sein seinem indifferenten Zustand oder der Neutralität zu entreißen, um es zu einem Gegenstand einer einen Bejahung zu machen, die tatsächlich im Pantheismus oder in der ausdrückenden Immanenz realisiert wird.« (S, 294) Denn mit Spinoza und dessen Begriff des Ausdrucks wird das Sein als Stimme bestimmt, die allem Seienden auf dieselbe Weise zukommt und in der sich alles Seiende gleichermaßen aktualisiert: »So ist die Mannigfaltigkeit der Attribute der Einheit der Substanz strikt gleich; diese strikte Gleichheit müssen wir so verstehen, dass die Attribute *formal* das sind, was die Substanz *ontologisch* ist.« (S, 294) Deutlich wird, dass die Stimme – und damit quasi Nicht-Seiendes – als Einheitsgrund konzipiert wird, worin sich eine Umwertung der Ontologie – die von der Einheit des Seins ausgeht – vollzieht. Im Gegensatz zu Leibniz will Deleuze aber auch keine Unterscheidung zwischen klaren und nicht-klaren Ideen treffen, sondern behauptet, dass alle Ideen gleichermaßen zum Ausdruck gelangen. Die Stimme als Einheitsgrund kennt keine Hierarchie von seelischen und körperlichen Ausdrucksformen, sondern nur mannigfaltige und damit lebensbejahende Artikulation: »So wird man vor allem nicht die aktive und die passive Seite, die Tätigkeit und die Leidenschaft, die Ursache und die Wirkung aufteilen können: denn entgegen dem traditionellen Prinzip gehen die Tätigkeiten mit den Tätigkeiten zusammen, die Leidenschaften mit den Leidenschaften. [...] Bei Spinoza wird der Ausdrucksbezug nur unter Gleichen etabliert.« (S, 293) Diese Vielstimmigkeit findet ihre Quasi-Ursache in der Idee der unendlichen Natur Gottes, die in ihren zahllosen Attributen jeweils Unendliches zum Ausdruck bringt: Mannigfaltigkeit wird mithin ein weiteres Mal als Ausdruck und Selbstentfaltung von Zeit expliziert und erhält als Vorgang der »Bewertung« einen ethischen Aspekt. Die letzte ethische Überlegung ergibt sich allerdings daraus, dass Gott als »Potestas« alle Attribute, Modi und modalen Wesen affiziert, weshalb die Frage aufkommt, wie sich die solchermaßen Affizierten in Selbsttätige verwandeln, wie sie im Sinne von Nietzsche aktive und bejahende Kräfte werden können. Deleuze skizziert eine Lösung in dem, was er als spinozistische »Physik« bezeichnet, dank welcher aktive Tätigkeitsvermögen als natürliche Prozesse gedacht werden: »Alles in der Natur ist Physik: [...] Physik der Kräfte, d.h. ein Dynamismus, nach dem das Wesen in der Existenz bejaht wird und sich mit den Varianten des Tätigkeitsvermögens verbindet.« (S, 205) Der von ihm hier nicht beantworteten Frage: »Was kann ein Körper?« geht er in seiner späteren Studie *Spinoza. Philosophie pratique* weiter nach.

Differenz- und Sinnproduktion

Die »Summe« dieser Frühphase, *Différence et répétition*[10] (1968)/ *Differenz und Wiederholung* (DW), ist nach Deleuzes eigener Aussage seine erste Schrift »im eigenen Namen«:

»Nach meinen Studien zu Hume, Spinoza, Nietzsche und Proust, die mich begeisterten, war *Différence et répétition* das erste Buch, in welchem ich ›Philosophie zu machen‹ suchte. Alles, was ich in der Folge machte, verknüpfte sich mit diesem Buch, selbst das, was ich mit Guattari geschrieben habe [...]. Es ist schwierig anzugeben, was einen mit diesem oder jenem Problem verbindet: warum haben mich Differenz und Wiederholung eher als anderes heimgesucht, und nicht unabhängig voneinander, sondern vereint? Sie waren auch nicht unbedingt neue Probleme, da sich die Geschichte der Philosophie und insbesondere der zeitgenössischen Philosophie dauernd mit ihnen rumschlug. Aber vielleicht haben die meisten Philosophen die Differenz dem Identischen oder dem Selben, dem Ähnlichen, Entgegengesetzten oder Analogen untergeordnet [...] Mir scheint dagegen, dass man zu den Potenzen der Differenz und Wiederholung nur vordringen konnte, wenn man das Bild in Frage stellte, das man sich vom Denken macht.«[11]

Um die Kritik alter Bilder des Denkens und die Entwicklung eines »neuen Bildes des Denkens« geht es in dieser Schrift, wie bereits der Titel eines Unterkapitels verrät. Dieses Bild folgt nicht dem Modell des Wiedererkennens, sondern konfrontiert sich mit Problemen, die nicht in propositionalen Strukturen oder dialektischen Schemata zu fassen sind und als zu groß zur Erfassung beschrieben werden: das Problem der Mannigfaltigkeit und der Differenz und Wiederholung »an sich«.

Als Inspiration für seine Schrift gibt Deleuze die heideggersche Frage nach der »ontologischen Differenz« ebenso wie das strukturalistische Verfahren und die Kunst des zeitgenössischen Romans an, der »um Differenz und Wiederholung kreist« (DW, 11). Als Ausgangsposition seines Denkens nennt er die mit dem Zweiten Weltkrieg verbundene Erfahrung der Zerstörung biographischer wie epistemologischer Sicherheiten, das »Scheitern der Repräsentation wie den Verlust der Identitäten und die Entdeckung all der Kräfte, die unter der Repräsentation des Identischen wirken« (DW, 11). Allerdings erblickt er in dieser Zerstörung auch eine Chance: jene, die präsubjektiven Differenzen offen zu legen, welche von den Strukturen der Repräsentation überlagert werden, »die Differenz an sich selbst und den Bezug des Differenten zum Differenten zu denken« (DW, 11), da »die Differenz und die Wiederholung [...] an die Stelle des Identischen und des Negativen, der Identität und des Widerspruchs getreten« (DW, 11) sind.

Um die Differenz »an sich selbst« denken zu können, muss sie aus ihrer Unterordnung unter das Schema der Repräsentation befreit werden. Das aber bedeutet eine Kritik der Philosophiegeschichte, in welcher sie, wie Deleuze beklagt, nur als gezähmte denkmöglich geworden sei, »unter der vierfachen Fessel der Repräsentation: [...] der Identität im Begriff, des Gegensatzes im Prädikat, der Analogie im Urteil, der Ähnlichkeit in der Wahrnehmung« (DW, 329). Die Differenz an sich wird dann erneut als virtuelle Zeitlichkeit entfaltet, *in* der sich alles Existierende und die sich *mit* diesen Aktualisierungen als Vielfalt zeitlicher Synthesen, als in sich Unterschiedenes konstituiert, weshalb sie sich zwangsläufig allen epistemologischen Zugriffen entzieht. »Wenn die Differenz auf die Identität des Begriffs bezogen wird, so verschwindet gerade die Differenz im Denken, jene Differenz des Denkens mit dem Denken, jene *Genitalität* des Denkens, jener tiefe Riss im Ego, der es veranlasst, nur dadurch zu denken, dass es seine eigene Passion und noch seinen eigenen Tod in der reinen und leeren Form der Zeit denkt.« (DW, 333) In paralleler Weise muss die Wiederholung als Größe entfaltet werden, die ein intrinsisches Verhältnis zu dieser Differenz unterhält und die Kategorien der Allgemeinheit, der Ähnlichkeit, der Äquivalenz und des Tauschprinzips unterläuft.

Im Gegensatz zu Hegels Dialektik, in welcher Wiederholung und Differenz in ein komplexes Repräsentationsschema des Geistes eingefügt werden, sucht Deleuze Wiederholung und Differenz als unverfügbare Größen zu denken, der Tauschökonomie zu entreißen und einer Ökonomie zuzuordnen, in welcher Diebstahl und Gabe ihre »Kriterien« (DW, 15) sind. Wiederholen wird hier als primäres, lebensnotwendiges Verhalten entwickelt, jenseits dessen wir nichts denken und nicht denken können, da Denken selbst mit Wiederholen beginnt: »*Man* wiederholt, weil man nicht weiß, weil man sich nicht erinnert usw., weil man zur Tat nicht fähig ist.« (DW, 367) Im bereits mit Hume skizzierten Sinn wird Wiederholung als Kontraktion von Zeit, als Wechsel von passiven und aktiven Synthesen, als Wechsel von Kontemplation und Reflexion gedacht, dank welcher es zu Gewohnheits- und Erinnerungsbildung kommt. Da sich in jeder Wiederholung die Zeitlinien der Vergangenheit und Gegenwart ineinander verschränken, konstituiert sie sich immer im und als Unterschied: »Die leere Form der Zeit ist es, die die

Differenz im Denken einführt und konstituiert, von der aus es denkt, als Differenz von Unbestimmtem und Bestimmung. Sie ist es, die auf beiden Seiten ihrer selbst ein durch die abstrakte Linie gespaltenes Ego und passives Ich aufteilt [...] Sie ist es, die Denken im Denken erzeugt.« (DW, 344 f.) Diese elementaren, zeitbedingten, vorbildlosen Konstitutionen unterhalb des Bewusstseins nennt Deleuze »System« des Simulakrums oder Trugbilds, in dem sich »das Differente mittels der Differenz selbst auf das Differente bezieht« (DW, 346). Dieses Modell der unvermittelten Trugbilder und Differentianten ist sein Gegenentwurf zum differenzvermittelnden System der Repräsentation, bestehend aus »Individuationsfeldern und disparaten Reihen«, »passiven Ichs«, »larvenhaften Subjekten«, »raum-zeitlichen Dynamiken« und »formlosem Chaos« (DW, 346 f.). In Wiederaufnahme nietzschescher Gedanken nennt er »Verschiebung und Verkleidung [...] Mächte der Wiederholung, wie Divergenz und Dezentrierung Mächte der Differenz sind« (DW, 359). Dank ihrer »Zeitkomplexionen« wohnt den Wiederholungen eine innere Unruhe und Dynamik inne, die von Deleuze positiv bewertet wird, da sie zu Selbstpotenzierungen, zur Durchdringung der mechanischen Wiederholung auf tieferliegende Wiederholungen und schließlich zur Wiederkehr als solcher, zur reinen Zeitlichkeit, Anlass gibt.

»Man wiederholt zweimal gleichzeitig, aber nicht mit derselben Wiederholung: einmal mechanisch und materiell in der Breite, das andere Mal symbolisch, mit Trugbildern in der Tiefe; einmal wiederholt man Teile, ein anderes Mal das Ganze, von dem die Teile abhängen. Diese beiden Wiederholungen ergeben sich nicht in derselben Dimension, sie koexistieren; die eine ist die Wiederholung von Augenblicken, die andere die der Vergangenheit; die eine ist elementar, die andere totalisierend; und die tiefste, die ›produktivste‹ ist offenbar nicht die sichtbarste oder die mit dem größten ›Effekt‹.« (DW, 361)

Die Wiederholung birgt somit in sich die Potenz, sich zu transzendieren und in dem, was wiederkehrt, Differentes aufscheinen zu lassen, neue Bilder, neue Aussagen, unbekannte Fragen und singuläre Konstellationen, die vorausweisen und Zukünftiges präfigurieren.

Die den Wiederholungen entsprechenden »molekularen Ichs« nennt Deleuze auch Mannigfaltigkeiten oder »Meuten« oder – in erneuter Umwertung Heideggers – »eine Welt *unpersönlicher Individuationen und präindividueller Singularitäten* – dies ist die Welt des MAN« (DW, 345). »Denn ›man‹ wiederholt in alle Ewigkeit, aber ›man‹ bezeichnet nun die Welt der unpersönlichen Individualitäten und der präindividuellen Singularitäten.« (DW, 371) Das Ich wird nicht als geschlossene, unwandelbare Einheit verstanden, sondern als Vielzahl »minoritärer« Akteure, die fortgesetzt neue Synthesen bilden und den Vermögen neue Zeitsynthesen »unterjubeln«, wodurch sich auch die Vernunft fortgesetzt modifiziert. Diese Synthesenbildung glaubt Deleuze vorzugsweise in Zuständen der Passivität und »Betrachtung«, mit Proust im Verlieren von Zeit, gegeben, in welchen sich ohne willentliches Dazutun körperliche Rhythmen mit denen anderer Körper zu neuen Affektzuständen verbinden.

Jedes »wahre« Denken und so auch jedes Kunstwerk entfaltet sich in Form eben solcher Wiederholungs- und Vervielfältigungsprozesse innerhalb der Dauer der Zeit.

»Es ist vielleicht der höchste Gegenstand der Kunst, all diese Wiederholungen mit ihrer wesentlichen und rhythmischen Differenz, ihrer wechselseitigen Verschiebung und Verkleidung, ihrer Divergenz und Dezentrierung gleichzeitig in Bewegung zu setzen [...] Die Kunst ahmt nicht nach, ahmt aber vor allem deswegen nicht nach, weil sie wiederholt und aufgrund einer inneren Macht alle Wiederholungen wiederholt [...] Jede Kunst hat ihre eigenen Techniken von verzahnten Wiederholungen, deren kritische und revolutionäre Gewalt den höchsten Punkt erreichen kann, um uns von den öden Wiederholungen der Gewohnheit zu den tiefen Wiederholungen des Gedächtnisses und dann zu den letzten Wiederholungen des Todes zu führen, in denen unsere Freiheit auf dem Spiel steht.« (DW, 364 f.)

Zum Zweck der Steigerung der Kunst zur Differenzproduktion bedarf es jener mit Nietzsche explizierten immanenten Gewichtung und Wertung ihrer Kräfte, um »aus der Wiederholung selbst etwas Neues [zu] machen; sie an eine Prüfung, an eine Selektion, an eine selektive Prüfung [zu] knüpfen; und sie als höchsten Gegenstand des Willens und der Freiheit dar[zu]stellen« (DW, 20).

In dieser Bejahung der Wiederholung bis hin zur Differenzproduktion artikuliert sich auch eine Umkehrung Freuds, sowohl was dessen Begriff des Unbewussten als wiederkehrender Urszenen wie dessen Aufforderung betrifft, die Wiederholung in der »Durcharbeitung« zu überwinden: »Ich wiederhole nicht, weil ich verdränge. Ich verdränge, weil ich wiederhole. Ich verdränge, weil ich zunächst manche Dinge oder manche Erfahrungen nur im Modus der Wiederholung erleben kann.« (DW, 35 f.) Nur durch Wiederholung lernt man, in dem Gegebenen neue Fragen zu entdecken, deren Beantwortung zunächst zu groß erscheint; nur durch weitere Wiederholung kann man sich diesen nach und nach gewachsen zeigen. »Lernen heißt also in der Tat, diesen Raum der Begegnung mit den Zeichen zu erstellen, wo sich die ausgezeichneten Punkte wechselseitig aufgreifen und die Wiederholung sich bildet.« (DW, 41 f.) Deleuzes Methode des »Denkens mit« als einzig möglicher Differenzbildung findet hier eine weitere Explikation: »Wir lernen nichts von dem, der uns sagt: Mach es wie ich. Unsere Lehrer sind einzig diejenigen, die sagen: Mache es mit mir zusammen, und die, anstatt uns bloß Reproduktion von Gesten abzuverlangen, Zeichen auszusenden vermochten, die man im Heterogenen zu entfalten hat.« (DW, 41)

Allerdings gesteht Deleuze zu, dass das solchermaßen begriffene Lernen auf gefährliche Prozesse zulaufen kann, in denen das Subjekt seine Kohärenz verliert und sich in der mit Nietzsche dargestellten Überwindung des Überichs an den Rand seiner Existenz begibt:

»Wenn [...] die Probleme den ihnen eigenen Grad an *Positivität* erreichen und wenn die Differenz zum Gegenstand einer entsprechenden *Bejahung* wird, so setzen sie, wie wir glauben, eine Aggressions- und Selektionsmacht frei, die die schöne Seele zerstört, indem sie diese ihrer Identität beraubt und ihren guten Willen bricht. Das Problematische und das Differentielle bewirken Kämpfe und Zerstörungen, denen gegenüber die des Negativen nur Schein sind [...]. Das Trugbild ist nicht etwa ein Abbild, reißt vielmehr alle Abbilder nieder, indem es auch die Urbilder stürzt: Jeder Gedanke wird Aggression.« (DW, 12)

Diese letztlich subversive Potenz der Wiederholung streicht Deleuze immer wieder heraus: »Die Wiederholung ist nur gegen das Sittengesetz wie gegen das Naturgesetz möglich. Bekanntlich gibt es zwei Arten, das Sittengesetz zu stürzen.« (DW, 20) Wenn der Sturz des Gesetzes »von oben«, von der Position des Überichs aus, erfolgt, läuft die Zerstörung in einer Weise ab, wie er sie in seiner zeitgleichen Schrift *Présentation de Sacher-Masoch* (1967) als jene von de Sade beschreibt. Seine Aushöhlung »von unten« dagegen, durch übergenaue Befolgung der gesetzlichen Logik, führt zum masochistischen Modell, wie es als dasjenige von Sacher-Masoch kenntlich gemacht wird. »Die erste Art, das Gesetz zu stürzen, ist ironisch, und die Ironie erscheint hier als eine Kunst der Prinzipien, als eine Kunst, zu den Grundsätzen hinaufzusteigen und sie zu Fall zu bringen. Die zweite Art besteht im Humor, das heißt in einer Kunst der Folgen und Abstiege, der Schwebe und des Falls.« (DW, 20)

Die Wiederholung, die aufgrund der ihr immanenten Potenzierung das Gesetz immer zu dekonstruieren tendiert, wird daher auch als »Denken jenseits von Gut und Böse« bezeichnet, als »Logos des Einzelgängers, des Einzelnen« (DW, 22). Im Gegensatz zu verbrieften Moralgesetzen oder zum kantschen Sittengesetz, das auf die Selbstverpflichtung des Subjekts als Vernunftwesen abzielt, fordert Deleuze allenfalls eine Verpflichtung zur Bejahung und Transformation der Wiederholung und damit von Vermögen, die aus dem Unbewussten und dem Affekt resultieren. Damit regt er freilich zu einem solitären und unter Umständen gefährlichen Gang an, insofern die Potenzierung der Wiederholung und die Freilegung des genetischen Elements *in* der Wiederholung das entdecken hilft, was sich einer Begründung und Erklärung letztlich entzieht: die Frage, das Problem. Deleuzes paradoxe Ethik lautet daher: »Du sollst, was immer du willst, so wollen, dass du auch dessen ewige Wiederkunft willst [...] – aus der Wiederholung selbst die einzige Form eines Gesetzes jenseits der Moral machen.« (DW, 22)

Die letzte Studie dieser Frühphase, noch nicht von jenem revolutionären Duktus von 1968 geprägt, bildet *Logique du sens/Logik des Sinns*[12] (LS), erschienen 1969. Bereits in der Anlage verrät das Buch die strukturalistische Methode und ihre Serienbildungen: Es besteht aus 34 Serien, die im Deutschen – abweichend vom Französischen – als »Serien der Paradoxa« bezeichnet werden und einzelne Kapitel bilden, welche um Fragen der Genese des Sinns, des Ereignisses, von Aussagen und Bildern kreisen. In diesen Serien, die nicht hierarchisch aufeinander aufbauen und keine fortschreitende Gedankenentwicklung, sondern Wiederaufnahmen derselben Fragen von anderen Gesichtspunkten aus bieten und mit anderen Wissenschaftsdiskursen und anderen Denkern, etwa den Stoikern, Melanie Klein und Lewis Carroll neu aufgerollt werden, löst Deleuze den Versuch, ein Denken der »Oberfläche« und des »Ereignisses« in zyklischen Bewegungen wechselseitiger Erhellung und einem sich intensivierenden Procedere zu entfalten, auch in einer formal herausfordernden Weise ein.

Bezeichnenderweise hebt das Buch mit der Serie »vom reinen Werden« an. In dieser ersten Serie wiederholt er die mit Bergson entfaltete Zweisträngigkeit der Zeit unter Querverweis auf die Stoiker als »Vergangenheit-Zukunft« oder »Äon« einerseits und Gegenwart oder »Chronos« andererseits. Und er beschreibt das sich Vergegenwärtigende erneut als Weise der Kontraktion und minimalen »Gegenverwirklichung« der unendlichen Zeit. Da die Gegenwart durch stetes Kommen und Vergehen gekennzeichnet ist, bestimmt er das Werden zusammen mit der literarischen Figur von *Alice im Wunderland* und *Alice hinter den Spiegeln* als Bewegung in zwei Zeit- und Sinnrichtungen zugleich: »Es gehört [...] zum Wesen des Werdens, in beide Richtungen gleichzeitig zu verlaufen, zu streben: Alice wächst nicht, ohne zu schrumpfen, und umgekehrt. Der gesunde Menschenverstand besteht in der Behauptung, dass es in allem eine genau bestimmbare Richtung, einen genau bestimmbaren Sinn gibt.« (LS, 15) Dem gesunden Menschenverstand, der hier auch als der hegelsche erkennbar wird, wird ein antidogmatisches Denken in »Paradoxa« entgegengesetzt, das »in der Bejahung zweier Richtungen, zweier Sinnprägungen zugleich« (LS, 15) besteht: »unendliche Identität beider Sinn-Richtungen zugleich, des Künftigen und des Vergangenen, des vorigen und des morgigen Tages, des Mehr und des Weniger, des Zuviel und des Nicht-Genug, des Aktiven und Passiven, der Ursache und der Wirkung« (LS, 17). Das französische Wörtchen *le sens* wird in seiner Doppelbedeutung als Sinn und Richtung und in seiner Ununterscheidbarkeit von Singular und Plural zugleich ausgespielt. In diesem pluralen und gegenläufigen Sinn sucht *Logique du sens* den Sinn/die Richtung als Wirkung der Selbstaktualisierung der Zeit zu entfalten, die sich ob ihres fortgesetzten Werdens der Bedeutungsfestlegung entzieht. Möglich wird die Sinnproduktion, wie Deleuze in mehreren Serien – in Wiederaufnahme von Hume – ausführt, erst nach Aufkündigung des vermeintlichen Kausal- und Geneseverhältnisses zwischen den körperlichen Ursachen und den sprachlichen Wirkungen. Zusammen mit der Sprachphilosophie der Stoiker und den literarischen Texten von Lewis Carroll etabliert er eine dritte Ebene von Sinn/Ereignis/Phantasma, die das duale Verhältnis durchtrennt, die Bereiche der Körperzustände und der sprachlichen Äußerungen auf sich selbst verweist und als Zwischenebene andere Konstitutionsverhältnisse kennt.

Im Hinblick auf die Etablierung dieser Ebene werden Sinn/Richtung zunächst als Wirkungen der Quasi-Ursachen der Struktur, jener präsubjektiv und apersonal gedachten Ereignisse und Aussagen bestimmt: »Das Subjekt dieses neuen Diskurses – doch es gibt kein Subjekt mehr – ist nicht der Mensch oder Gott, noch weniger der Mensch anstelle Gottes. Es ist diese freie, anonyme und nomadische Singularität, die eben die Menschen, die Pflanzen und Tiere unabhängig von der Materie ihrer Individuation und von den Formen ihrer Personalität durchquert.« (LS, 141) Wie bereits gezeigt, entwickeln diese zeitkonstituierten Singularitäten aus sich heraus autogenetische Prozesse des Denkens, als deren Ergebnis der multiple Sinn entsteht. Um sich aber von den »Quasi-Ursachen« zu emanzipieren, muss der »unkörperliche« Sinn seine Hervorbringung »gegenverwirklichen«, quasi selbst verursachen, was ihm im »Unsinn-Sprechen« gelingt. Denn das »Unsinn-Sprechen« verweist auf kein außersprachliches Referenzobjekt, sondern auf den Akt der Äußerung selbst, schließt diesen mit sich selbst kurz. In diesem selbstreferentiellen Sprechen wird die Oberfläche des Sprachlichen, wird die Möglichkeit des Ausdrucks und der Sinnproduktion etabliert. Da der Sinn nicht mit der Bedeutung von Aussagen identisch ist, sondern in Aussagen als deren Quasi-Grundlegung und infiniter Zeitverlauf »insistiert«, wird er auch das »Ausgedrückte« genannt: »*Der Sinn ist das Ausdrückbare oder das Ausgedrückte des Satzes und untrennbar damit das Attribut des Dingzustandes.*« (LS, 41) Als »steriler« und »undurchlässiger« gibt er »die Grenze zwischen den Sätzen und den Dingen [ab]. Er ist dieses aliquid, zugleich Außersein und Insistenz, dieses Seinsminimum, das den Insistenzen zukommt.« (LS, 41)

Die Kehrseite dieser Sinn-Ebene, sozusagen von den Dingen und Körperzuständen her gesehen, ist das, was als »Ereignis« bezeichnet wird. Das Ereignis akzentuiert erneut die Zeitdimension der Dingzustände, ihre Ein- und Entfaltung in Zeit. Deleuze wiederholt verschiedentlich, dass ein Ereignis nicht werden kann, wenn es sich nicht in den Dingen verkörpert; andererseits muss es, um Ereignis zu werden, die beschriebenen Wiederholungszyklen durchlaufen und in einem qualitativen Sprung sich selbst überfliegen, in anderes umschlagen, in jene reine Zeit und unkörperliche »Entität«, wie sie in den Aussagen als Sinn insistiert. Der Begriff des Ereignisses dient mithin dem Versuch, Vorgänge der Selbstaktualisierung der Zeit als doppelte Bewegung der Insistenz in Dingen und Körpern und gleichzeitige Befreiung davon zu denken, wie sie Deleuze an einem Beispiel deutlich macht: »*Grünen* zeigt also eine Ereignis-Singularität an, in deren Nachbarschaft sich der Baum konstituiert.« (LS, 146) Das Grün-Werden bedarf einer Verkörperung in Gegenständen; gleichwohl geht es in dieser Verkörperung nicht auf. Gedacht als präexistente, unkörperliche Entität, wird es erkennbar als Umkehrung der platonischen Ideen, als Ergebnis des Versuchs, diese auf die Erde bzw. in die Oberfläche der Sprache zu holen und sie nicht als Vorbilder, sondern als Verlaufsformen der Zeit zu konzipieren.

Sinn und Ereignis bilden mithin die beiden Seiten oder die »Zwiefalt« jener Ebene, die in ihrer unbegrenzten Zeitlichkeit zugleich das Trennende und Verbindende der Dingzustände und Aussagen ist. Wie Dinge und Ursachen der Zeit unterstehen, so wohnt den Aussagen Zeitlichkeit inne, freilich nicht den Substantiven oder Adjektiven, sondern den Verben. Erst deren Infinitiv, deren unbegrenzte Verlaufsform, macht finite Aussagen möglich und legt in den »Dingzuständen« transzendierende Vorgänge frei.

Im Rahmen dieser Entfaltung von Ereignissen, die nicht mit gegenständlichen Gegebenheitsweisen verschmelzen, und von Sinnstiftungen, die konkrete Äußerungen transzendieren, wird auch die Genese des Bildlichen aus afigurativen und partialisierten Größen expliziert: »Das reine Werden, das Grenzenlose bildet den Stoff des Trugbildes, insofern es sich der Aktion der Idee entzieht, insofern es zugleich *sowohl* das Urbild *als auch* das Abbild zurückweist.« (LS, 16) Die Entwicklung der vorbildlosen Trugbilder mit gleichwohl bildgenerierenden Potentialen, die in »Idole« und »Phantasmen« als Gesamtprojektionen des Körpers münden, wird nach dem bekannten Modell der Autogenese des Denkens als mehrschichtige und sich sukzessive erweiternde Bildkonstitution expliziert. So wird das Phantasma erneut als »Überflug« und Überwölbung partikularer Körperbilder, als deren »Vernähung« zu einem Gesamtbild einerseits und als Wiederbesetzung der afigurativen Ausgangsdaten andererseits gedacht. Im Phantasma erscheinen daher wie in Sinn und Ereignis die präsubjektiven und apersonalen Singularitäten aktualisiert, weshalb Deleuze in *L'Anti-Oedipe* Phantasmen nur als kollektive gelten lässt.

In Anlehnung an Melanie Kleins Modell frühkindlicher Entwicklung ordnet er den Stadien bildlicher Genese schließlich ein Modell »dynamischer Genese« des Individuums in drei Entwicklungsschritten zu. Den Trugbildern entspricht dann die schizoide Phase partialisierter Körpererfahrung, welche in der zweiten, depressiven Phase unter ein Bild »in der Höhe«, das Idol, vereinigt wird; dieses Bild »in der Höhe« wird wiederum in der dritten, ödipalen Phase auf den gesamten Körper projiziert und verleiht diesem im Phantasma ein Einheitsbild. Dabei vertritt Deleuze in *Logique du sens* noch einen positiven Begriff von Ödipus als »Friedensstifter«, da er die rivalisierenden Bilder auf der Oberfläche des Körpers zusammenführt und versöhnt: »Ödipus hat die höllische Macht der Tiefen gebannt, er hat die himmlische Macht der Höhen gebannt und fordert jetzt ein drittes Reich, die Oberfläche, nichts als die Oberfläche.« (LS, 248) Ödipus erscheint nun als die Begriffsperson, deren Oberflächenarbeit jene dritte Ebene erstellt, »das Ereignis von seinen Ursachen in der Tiefe [löst], auf der Oberfläche aus[breitet] und an seine Quasi-Ursache unter dem Gesichtspunkt einer dynamischen Genese an[knüpft]« (LS, 261).

Wie bereits eingangs erwähnt, verlängert Deleuze diese logischen Sinnkonzeptionen in ein Ethos, das sich in der Formel zusammenfassen lässt: »Sich dessen würdig erweisen, was einem zustößt.« (LS, 186) In Termini des Ereignisses lautet das:

> »Zu diesem Willen gelangen, den das Ereignis uns gibt, die Quasi-Ursache dessen zu werden, was sich in uns herstellt, der Operateur; die Oberflächen und die Verdoppelungen herstellen, in denen sich das Ereignis widerspiegelt, sich als unkörperliches wieder einfindet und in uns die neutrale Pracht offenbart, über die es an sich als unpersönliches und präindividuelles verfügt, jenseits des Allgemeinen und Besonderen, des Kollektiven und Privaten – Weltbürger.« (LS, 186)

»Weltbürger« soll eben jene Haltung bezeichnen, in welcher die ankommenden Ereignisse in Wiederholungen so lange »gegenverwirklicht« werden, bis sich das Subjekt in diesen Wiederholungen selbst überwindet und die Ereignisse prinzipiell mit allen anderen korrespondieren lässt. »Gegenverwirklichung« des Ereignisses meint mithin nicht einfache Bejahung oder Hinnahme des Gegebenen, sondern erneut dessen Durchdringung auf etwas in dem Gegebenen, auf etwas Kommendes hin: eine »Art Sprung des ganzen Körpers an Ort und Stelle, der seinen organischen Willen gegen einen spirituellen Willen vertauscht, der nun nicht genau das, was eintritt, sondern etwas ›in‹ dem, was eintritt, etwas Kommendes will, das dem entspricht, was eintritt [...]: das Ereignis« (LS, 187). Deleuze beendet diese Forderungen mit Sätzen, die in deutlichem Anklang an biblische Imperative deren Umwertung anmahnen: »Mehr kann man nicht sagen, nie wurde mehr gesagt: dessen würdig werden, was uns zustößt, darin also das Ereignis wollen und freilegen, der Sohn seiner eigenen Ereignisse und dadurch neu geboren werden, sich abermals eine Geburt verschaffen, mit der eigenen fleischlichen Geburt brechen.« (LS, 187)

Diesen »Sohn der Ereignisse« nennt er schließlich einen »Gegen-Gott« und bestimmt ihn ob seiner Gegenverwirklichung als Schauspieler oder Mimen. Er ist die Begriffsperson, die, dem Ereignis seinen begrenzten Körper bietend, dieses auf seine unbegrenzte Wiederholbarkeit öffnet:

> »Der Akteur bleibt im Augenblick, während die von ihm gespielte Person in der Zukunft hofft oder befürchtet, sich in der Vergangenheit zurückerinnert oder bereut: Genau in diesem Augenblick repräsentiert der Akteur. Das Minimum der im Augenblick spielbaren Zeit dem Maximum der gemäß Äon denkbaren Zeit entsprechen lassen. Die Verwirklichung des Ereignisses auf eine mischungslose Gegenwart begrenzen, den Augenblick umso intensiver und gespannter machen, als er eine unbegrenzte Zukunft und unbegrenzte Vergangenheit ausdrückt: Darin besteht die Verwendung der Repräsentation: der Mime.« (LS, 185)

In dieser schauspielerischen Minimalrepräsentation erblickt Deleuze eine der stoischen verwandte Weisheit, da sie das Ereignis begrenzt, »den Mischungen Maß [gibt] und [sie] hindert überhandzunehmen« (LS, 185). In der schauspielerischen Doppelung, in der Inkarnation des Ereignisses und dessen gleichzeitiger Eröffnung ins Apersonale, entfaltet sich die »Pracht des *man*«: »Es ist das *man* der unpersönlichen und präindividuellen Singularitäten, in dem *es stirbt* wie *es regnet*.« (LS, 190)

In einem seiner ergreifendsten Texte, dem Unterkapitel »Porzellan und Vulkan«, dramatisiert Deleuze das Ereignis und seine Gegen-Verwirklichung noch einmal unter Bezugnahme auf einen literarischen Text. Die Alkoholdelirien eines F. Scott Fitzgerald, wie in dessen Erzählung *The crack up* problematisiert, sieht er um einen »Knacks« oder »Riss« kreisen – in einer zeitlichen Minimalbewegung, die den Text zu einem »Nomadisieren auf der Stelle« und zur Freilegung der divergierenden Zeitlinien von Vergangenheit-Zukunft und Gegenwart werden lässt. »Ein lautloser Knacks ist geschehen, unwahrnehmbar, an der Oberfläche, ein reines Oberflächen-Ereignis [...] Der Knacks ist weder äußerlich noch innerlich, er ereignet sich an der Grenze, unmerklich, unkörperlich, ideell.«[13] (LS, 46) Aufgrund des alkoholismusbedingten Knackses teilt sich das Ereignis in eine harte Gegenwart des »ich habe« und eine fliehende Vergangenheit des »getrunken«, in welcher sich das Aussagesubjekt zerreibt. »Wenn man sich die Frage stellt, warum die Gesundheit nicht ausreicht, warum der Knacks wünschenswert ist, dann vielleicht deshalb, weil man noch nie ohne ihn und außerhalb seiner Ränder gedacht hat, und weil alles, was groß und gut an der Menschheit ist, durch ihn eintritt und aus ihm hervorgeht.« (LS, 57) Noch einmal betont Deleuze an Hand dieses Beispiels, dass sich die Zeit einerseits ins Fleisch einschreiben, andererseits aber fortgesetzt gegenverwirklicht, in die unkörperlichen Oberflächeneffekte des Sinns verwandelt werden muss, um begrenzt und unschädlich gemacht zu werden: »aber jedes Mal müssen wir die schmerzhafte Wirkung wiederverkörpern und sie dadurch begrenzen, voll ausspielen und verwandeln« (LS, 58). Die hier skizzierte Verwandlung des Tödlichen gilt noch für den Moment des Sterbens, worin Deleuzes Ethos seine zugespitzteste Formulierung erfährt:

»Man muss sich selbst begleiten, schon um zu überleben, aber auch dann noch, wenn man stirbt. Die Gegenverwirklichung ist wirkungslos, sie ist die des Clowns, wenn sie alleine vorgeht, und wenn sie vorgibt darauf Einfluss zu haben, *was hätte geschehen können*. Aber das, *was wirklich geschieht*, zu mimen, die Wirkung durch eine Gegenwirkung, die Identifizierung durch eine Distanz zu verdoppeln, das ist Sache eines wirklichen Schauspielers oder Tänzers, heißt, der Wahrheit des Ereignisses die einmalige Chance zu geben, sie nicht mit der unvermeidlichen Auswirkung zu verwechseln.« (Gilles Deleuze, Porzellan und Vulkan, übers. v. M. Ott, Berlin 1984, S. 58)

Dieses radikale Plädoyer für ein Denken aus dem Unbewussten und für dessen passionelle Wiederholung artikuliert sich nicht zufällig im Rückgriff auf künstlerische Verfahren. Deleuzes Miteinbeziehung literarischer Texte von F. Scott Fitzgerald und Lewis Carroll in eine philosophische Darlegung zeigt das Kontinuum zwischen seinen philosophischen Schriften und seinen Lektüren des Literarischen an.

3. Lektüren literarischer Texte

Passion und Pathologie

Deleuzes philosophische Kritik literarischer Texte setzt mit der Rezeption von Prousts *A la recherche du temps perdu* (im weiteren kurz *Recherche* genannt) 1964 ein; die endgültige Fassung seiner Studie *Proust et les signes/Proust und die Zeichen*[1] (P) liegt allerdings erst 1973 – nach Erscheinen seiner Literaturlektüren zu Lewis Carroll in *Logique du sens* (1969) und zu Sacher-Masoch in *Présentation de Sacher-Masoch* (1967) – vor. In ihrer langen Entstehungsgeschichte dokumentiert die Proust-Studie den sich wandelnden epistemologischen Zugriff seiner Philosophie: Die Erstausgabe von 1964 enthält nur den ersten Teil der heutigen Fassung, welche das plurale Zeichensystem der *Recherche* als Einheit des proustschen Oeuvres ausweist. Die zweite Auflage von 1970 wird um den zweiten Teil »*la machine littéraire*« erweitert. Als Ergebnis der beginnenden Zusammenarbeit mit dem französischen Psychoanalytiker Félix Guattari und der von ihm angeregten Maschinen- und Transversalitätsbegrifflichkeit werden die Zeichen nun zu Elementen maschineller Produktion und transversaler Interaktion erklärt. Für die dritte Auflage wird schließlich eine Konklusion angefügt, die in der Bestimmung des Erzählers als »Spinne« ein weiteres Bild für die literarische Produktion bietet, welches zu der mit Guattari verfassten Kafka-Studie *Kafka – Pour une littérature mineure* mit ihren Analysen des »Tier-Werdens« eine Resonanz eröffnet und eine gewisse Affinität zwischen Proust und Kafka konstruiert.

Die Tatsache, dass das Buch aus zwei heterogenen Teilen besteht, erlaubt eine Bruchstelle in Deleuzes Denken nachzuzeichnen, die den Zeitindex von 1968 trägt und mit der beginnenden Zusammenarbeit mit Guattari zusammenfällt. Das Ereignis des Denkens und Schreibens zu zweit geht einher mit einer Umdeutung des Unbewussten und einer Neubewertung der Psychoanalyse, wie sie etwa zeitgleich in *L'Anti-Oedipe* (1972) zum Ausdruck kommt. An die Stelle des »Theaters des Unbewussten« des ersten Teils, welches das proustsche Kunstwerk in Begriffen wie »Zeichen«, »Einhüllung«, »Entwicklung«, »Interpretation und Expression«, »Steigerung« und »Essenz« als dramatischen Vorgang nachinszeniert, tritt im zweiten Teil ein Beschreibungsmodus, der mit Begriffen wie »Schachteln«, »Gefäßen« und »Maschinen« operiert und das Kunstwerk als »abstrakte Maschine« und als »Transversale der Zeit« erstehen lässt. Dieser Wechsel des Schauplatzes, diese Verschiebung des Kunstwerks an einen Ort, an welchem sein Vermögen der Selbstinterpretation als das einer Maschine beschrieben wird, die auf Produktion von »Partialobjekten« ausgeht und das Textganze einer fortgesetzten »Heterogenese« unterwirft, ist vom Wunsch nach noch radikalerer Explikation des unpersönlichen Denkprozesses geleitet. Sie folgt der Überzeugung, dass dessen Mehrdimensionalität und Dynamik nur durch ein seinerseits vielfältiges Begriffsinstrumentarium, das unbekannte Momente ins Denkbare rückt, gehoben werden kann.

Der Einsatz der deleuzeschen Proust-Lektüre besteht daher zunächst in der Zurückweisung einheitsstiftender Prinzipien der *Recherche*: »Gedächtnis« und »Erinnerung« sollen nicht, wie von anderen behauptet[2], den Text organisieren und seinen Elementen einen Rahmen bieten; auch den behaupteten Gegensatz zwischen Bergsons »Dauer« und der proustschen Zeitvervielfältigung erkennt Deleuze nicht an. Wie anlässlich von *Le bergsonisme* gezeigt, versteht er bereits Bergsons »durée« als differentielle Mannigfaltigkeit von Zeit und die *Recherche* als deren exemplarische Aktualisierung. Prousts Suche nach der verlorenen Zeit entfaltet er daher als – positiv bewertete – »Pathologie«, als Denken aus Leidenschaft. Der Eifersuchtswahn des Erzählers wird als produktives Vermögen begriffen, insofern es die Einbildungskraft freisetzt und jenen Prozess der Wiederholung, Steigerung und Selbstinterpretation der Zeichen in Gang setzt, an dessen Ende »in« der Wiederholung eingeschlossene Differenzen und »Essenzen« aufscheinen, die freizulegen der Sinn des Eifersuchtswahns ist. Entsprechend diesem passionellen Gang, seinen verschiedenen Umläufen und seinem Aufruf verschiedener Vermögen skizziert Deleuze ein – platonisch inspiriertes – Auf- und Abstiegsschema des Denkens: Die Empfindung als unterstes Vermögen potenziert und »sättigt« das »sentiendum« oder das, »was empfunden werden muss«, um es anderen Vermögen anheim zu geben und zum »memorandum« und »cogitandum« aufsteigen zu lassen, von welchem ihm die Rückwendung auf seine Ausgänge im Unbewussten gelingt. Den verschiedenen Vermögen werden »molekulare Ichs« zugeordnet, wie er sie in *Différence et répétition* expliziert: »Unter dem handelnden Ich liegen kleine Ichs, die betrachten und die Handlung wie das aktive Subjekt ermöglichen. Wir sagen ›ich‹ nur mittels der tausend Zeugen, die in uns betrachten; immer ist es ein Dritter, der ich sagt.« (DW, 106) Das Kunstwerk erscheint als Gegen-Verwirklichung der notwendig vergangenen und »verlorenen Zeit« und als deren Transformation in einen multiplen Sinn, der nicht nur »wiedergefunden«, sondern fortgesetzt wiederzufinden ist. »Pathologie« wird erkennbar als Name der Wissenschaft und Wahrheitssuche, die ausgehend von Momenten der Passion und deren repetitiver Zwangs- und Vertiefungsbewegung zu neuen Denkweisen vorzudringen für fähig erachtet wird.

Die zweite Lektüre der *Recherche* »verschärft« die Differenzen von Zeichen und Zeit und setzt deren Ordnung und Hierarchie nunmehr einem »transversal« genannten Kompositionsprinzip aus, welches disparate, fragmentierte und nicht länger kommunizierende Zeitmomente produzieren soll. Die »Komplikation« der Zeichen der verlorenen und wiedergefundenen Zeit wird zur »kämpferischen« Begegnung umgedeutet, so dass die *Recherche* zuletzt als »Trümmerfeld verstreuter Bruchstücke« und die Zeit als das erscheint, was gerade »das Ganze verhindert« (P, 129). Der Stil des Werkes wird selbst als Differenzproduzent erachtet, als »Anti-Logos«, der »alle Umwege« macht, »die es braucht, um die letzten Stücke einzusammeln, mit verschiedenen Geschwindigkeiten alle Fragmente mit sich zu führen, von denen ein jedes auf eine differente Gesamtheit oder auf keine Gesamtheit des Ganzen verweist« (P, 92). Verstanden als fortgesetzte Selbstdeutung und Heterogenese erscheint Prousts Recherche nicht mehr auf die Vergangenheit, sondern auf die Zukunft gerichtet.

Dekonstruktionen des Gesetzes

Deleuzes Lektüre der literarischen Schriften von Sacher-Masoch lebt zunächst vom Anliegen der Befreiung der in der psychoanalytischen Theoriebildung »erniedrigten« Position des Masochismus selbst: Während ihn Freud als »Reaktionsbildung« und »als Rückwendung des Sadismus gegen das eigene Ich«[3] bestimmt, sucht ihn Deleuze aus dieser abgeleiteten Existenzweise und aus dem ihm zugeschriebenen Charakter der Reaktionsbildung und Regression durch Rückgriff auf die literarischen Texte von Sacher-Masoch und deren Vergleich mit den Texten von de Sade herauszuführen. Mit dem ihm eigenen Augenmerk auf Partikulares liest er die Romane und Erzählungen von Sacher-Masoch als vom sadistischen Komplex gänzlich unabhängige Phantasmabildung. Er bestreitet deren komplementären Charakter und deren Verbundenheit in der von Freud behaupteten »Schmerzlust«. Indem er das »perverse Syndrom des Sadomasochismus« in seine Komponenten zerlegt, löst er den Masochismus als spezifische Wunschorganisation heraus.

Deleuzes Anliegen der »Klinik und Kritik«, wie später in einem gleichnamigen Text *Kritik und Klinik*[4] programmatisch formuliert, lässt ihn die literarischen Texte mit Nietzsche als »Symptomatologien« lesen, deren Zeichen er auf ihre genetischen Prinzipien untersucht. Seine »Differentialdiagnose« der sadistischen und masochistischen Phantasmen führt ihn zu einer Aufwertung der Texte Sacher-Masochs gegenüber jenen von de Sade, welcher in den 60er Jahren von den namhaften französischen Philosophen der Zeit, Klossowski, Bataille, Barthes, Lacan und Lyotard, hymnische Interpretationen erfahren hat. Deleuzes Lektüre ist daher auch eine Umwertung der lacanschen Bevorzugung von de Sade[5] und von dessen Behauptung, dass im Masochismus die Entfaltung des Begehrens verhindert werde. Das masochistische Phantasma liest Deleuze dagegen als Umweg zur Realisierung einer unbekannten Wunschorganisation, wobei er den Texten von Sacher-Masoch nicht nur philosophischen Rang, sondern auch einen ethischen Status zuerkennt.

In seinem Vorwort *Présentation de Sacher-Masoch*[6] zur französischen Ausgabe von Sacher-Masochs Roman *Venus im Pelz* arbeitet er den masochistischen Komplex durch Gegenüberstellung und maximale Distanzierung von de Sades Textorganisation heraus. In seiner Beschreibung werden sie zu unabhängigen Komplexen, zwischen welchen es keinen Übergang und keine Komplementarität gibt. Indem er die von Freud behauptete zeitliche Rangfolge, ihren Kausal-Nexus wie ihren Immanenzzusammenhang in einem Schuld/Strafe- oder Schmerz/Lust-Komplex zurückweist, erscheinen sie als unabhängige »Oberflächenkünste« in spezifischen »Verkleidungen«, welche in fundamentaler Asymmetrie zueinander stehen.

Zum Zweck der Distanzbildung betont er in Anlehnung an Kants transzendentale Methode zunächst die »Bedingung der Form«: »Der Masochismus ist von Grund auf weder inhaltlich noch moralisch, er ist formal.« (SM, 234) Im Hinblick darauf entwickelt er den Masochismus als »Kunst des Phantasmas mit einem spezifischen Gebrauch von Ritus und Sprache und einer spezifischen Form der Zeit« (SM, 230). Allerdings folgt er Freud insofern, als er ebenfalls eine Parallele zwischen den beiden Perversionen in ihren starken De- und Resexualisierungsbewegungen gegeben sieht. Im Gegensatz zu Freud ordnet er diese aber verschiedenen Vermögen zu: Während sich die desexualisierte sadistische Apathie aus einer Haltung des Verstandes ergeben soll, folge die masochistische Kälte aus der Einbildungskraft; ebenso ergehe die Resexualisierung an diese beiden verschiedenen Vermögen. Auch der Schuld/Strafe-Konnex stellt in seiner Sicht keine Kontinuität, sondern Differenz zwischen den beiden Komplexen her: Das Schuldgefühl des Masochismus sei nicht ödipal konstituiert, sondern ergebe sich aus der Vaterähnlichkeit des Sohnes; der Bestrafungswunsch ziele darauf ab, den Vater auszutreiben, um eine andere symbolische Ordnung zu ermöglichen. Schmerz wie Strafverlangen stünden im Dienste der Errichtung einer symbolischen Ordnung mit der Mutter, wie sie im masochistischen Phantasma in Szene gesetzt wird. Deleuze entziffert daher das masochistische Phantasma als Bewegung »magnifizierender Mutterverneinung« zum Zweck ihrer verstärkten libidinösen Besetzung. Dank dieser Verneinung des Mütterlichen könne die Frau als nicht-kastrierte eine Ordnung errichten, unter welche sich der Mann unterwerfe, aber nur, um sie humorvoll zu karikieren und deren Gesetz letztlich zu unterlaufen. In diesem Sinn werden die vom Mann geforderten Peitschenhiebe als Wunsch nach symbolischer Gegenbesetzung und nach männlicher »Entkerbung« gedeutet. Die mit Schleiern und Pelzen spärlich bekleidete Frau lasse zwar die Möglichkeit der Kastration aufblitzen, halte sie aber in der Schwebe, woraus sich die masochistische Kunst des Aufschubs der Begehrensbefriedigung ergibt, wie sie in *Venus im Pelz* mit Posen und Spiegelreflexionen, Traumszenen und sprachlichen Wiederholungen entfaltet wird.

Auch in Bezug auf den Todestrieb erkennt Deleuze zwischen beiden Komplexen eine entscheidende Differenz: Während er im Masochismus an ein statuarisches Bild und ein Moment der Blendung gebunden werde, realisiere er sich im Sadismus als »unpersönliche Gewalt logischer Beweise«. Von daher erweise sich die praktische Vernunft des Sadismus, die sich zu ihrer eigenen Vernünftigkeit aufruft und im Sinne der Allgemeinheit des Gesetzes alle Objekte negiert, letztlich als Gewalt gegen sich selbst. Als reines Überich negiere sie nicht nur das Gesetz, sondern die Wunschorganisation und damit zuletzt das Denken selbst, welches für Deleuze, wie erläutert, nur als Prozess aus dem Unbewussten und seinem Lustprinzip als lebensmächtige Bewegung und Vervielfältigung erscheint. Sades Texte dagegen suchen den Todestrieb als ein der Erfahrung niemals Zugängliches in sprachlichen Wiederholungen und Steigerungen zu fassen, unterstellen sich damit einem Vernunft-Monster und laufen sich im Versuch der Erschreibung des »absolut Bösen« und seiner ritualhaften Wiederkehr zuletzt tot.

Im Masochismus skizziert Deleuze dagegen eine neue Existenzweise der Enthaltsamkeit, ein Junggesellendasein – in den Texten von Sacher-Masoch gibt es keine sich unterwerfende Frau –, das nicht geschlechtslos zu denken ist, wohl aber aphallisch und agenital. Die Gegenkodierung mittels Ritual und Peitschenhieben legt in Deleuzes Sicht eine mannigfaltige Geschlechtlichkeit frei. Das masochistische Phantasma erscheint von daher als Variante des allgemein geforderten Wunsch-Werdens: Als Prozess, in dem sich das Subjekt in der Austreibung des väterlichen Gesetzes von »falschen Einheitsstiftern« befreit und zu vielfältig-unwahrnehmbaren (In)Dividuationen mutiert. Während im Sadismus allein das Überich regiere und Natur, Gesetz und Ich gleichermaßen vernichte, walte im Masochismus ein mütterliches Gesetz, welches sich in der Inszenierung einer Unterwerfungsanordnung selbst karikiere und in seinem Proforma-Vertrag dekonstruiere. Deleuze liest den masochistischen Komplex mithin als Immanenzplan: Die Austreibung der »subjectivation« als Subjektivierung/Unterwerfung bringe einen »entkerbten«, glatten, anorganisch werdenden Körper hervor, der sich seiner männlichen Identität entledige und auf Arten des Frau-Werdens zubewege.

In gewisser Weise behaupten Deleuze und Guattari in ihrer gemeinsam verfassten Studie *Kafka. Pour une littérature mineure/ Kafka. Für eine kleine Literatur*[7] (1976) eine Parallele zwischen Sacher-Masoch und Kafka. Wie im masochistischen Phantasma sehen sie in Kafkas Romanen eine Form des Inzests, diesmal mit den schwesterlichen Figuren, realisiert, welche wie die mütterliche Ordnung des Masochismus das väterliche Gesetz unterlaufe. Diese Außerkraftsetzung des Gesetzes werde in den literarischen Textstrategien Kafkas, in ihrem spezifisch-paradoxen Suchverlauf, realisiert. Von daher wenden sie gegen gewisse Kafka-Hermeneutiken ein, dass das negative Gesetz bei Kafka nicht Folge seiner Transzendenz, sondern seiner »leeren Immanenz« und seiner fortgesetzten Bedeutungsaufschiebung sei. Das Gesetz erscheine allenfalls als »Effekt« der Aussagenproduktion, als pluraler Sinn, der die üblicherweise angenommene

Rangfolge umkehre: »Die Schrift, weit davon entfernt, notwendiger oder abgeleiteter Ausdruck des Gesetzes zu sein, geht dem Gesetz voran.« (K, 62) Als Wirkung von Aussagen aber verliere das Gesetz seine Autorität und werde als prozessuales und multiples destituiert.

Die Verwandtschaft von Kafka und Sacher-Masoch erblicken die Autoren aber nicht nur in der Aufschiebung der ödipalen Ordnung, sondern in der symbolischen Einbindung gesellschaftlicher Felder, sei es des russischen oder des Habsburgerreichs. In der besonderen Organisation der kafkaschen Texte, in denen K.s Suche nach dem Gesetz nie zum Stillstand gelangt, sich mit der syntaktischen Struktur verwebt und in Arten der Wiederholung, Verdichtung, Stagnation und Beschleunigung manifestiert, werden die Machtstrukturen der Gerichts- und Verwaltungsbehörden ins Horizontale gekehrt: Der Signifikant, der auf kein transzendentes Signifikat mehr verweist und zu keiner Bedeutungsfestlegung gelangt, ergibt sich allein aus den syntaktischen Verkettungen und dem unbeendbaren Procedere von K. Besonders Kafkas Roman *Der Prozess* wird als multiserielles Gefüge gelesen, das nach allen Seiten »wuchert« und »blockhafte« Unbestimmtheitszonen produziert. Auch die in die Erzählung eingebauten Bilder, Porträts und Fotos dienen nicht der imaginären Fixierung, sondern fungieren als Leiter und Schaltstellen, welche neue Segmente eröffnen und das Procedere beschleunigen – im Gegensatz zu ihrer fixierenden Wirkung bei Sacher-Masoch, wo sie die Narration in einer Technik von Spiegelungen und Brechungen ineinander falten und arretieren. So wird Kafkas Textorganisation insgesamt als Traumlogik beschrieben, mit den entsprechenden Verfahren der Verschiebung und Verdichtung, mit unverhofften »Kontiguitätskontinuitäten« von normalerweise weit auseinander liegenden Räumen und einer Verzeitlichung des Räumlichen in der unausgesetzten Bewegung von K.: »Die Weitwinkelaufnahmen in die Tiefe des Feldes« (K, 103), die Architektur von »Ferne und Angrenzung« erstellen ein dem Unbewussten eher entsprechendes Raummodell als jene Architektur der »Nähe und Distanz« des klassischen Romans.

In diesem Immanenzfeld entautorisiere sich Kafka zu K., dem Namenlosen, *»eine allgemeine Funktion, die aus sich heraus wuchert«* (K, 117). Die von dieser Funktion in Gang gesetzte »freie indirekte Rede« wird als »kollektive Äußerungsverkettung« bezeichnet, als unpersönliche Artikulation eines »man«. Diese angenommene Stimmenvielfalt der kafkaschen Texte suchen die Autoren in eine »Pragmatik« der Lektüre zu verlängern und in der Hervorkehrung von Textresonanzen noch stärker zum Ausdruck zu bringen. Im Hinblick darauf prägen sie den Begriff der »Ausdrucksmaschine«, der insofern befremdet, als sie in *L'Anti-Oedipe* die Auffassung des Unbewussten als Expression ob ihrer Bindung an das Individuelle kritisieren und ihr eine Konzeption des Unbewussten als Produktionsstätte und Aussagenverkettung entgegensetzen. Allerdings lässt sich die »Ausdrucksmaschine«, wie sie von der K-Funktion entfaltet wird, nicht mehr wie noch in Prousts *Recherche* als Übersetzung eines Ereignisses in Expression verstehen. Vergangenheitsmomenten wird nicht mehr die Potenz der Vertiefung der Gegenwart auf eine Essenz hin zuerkannt; an die Stelle von persönlichen Erinnerungen sehen sie nun »Kindheitsblöcke« treten, welche die Fliehkraft des Vergangenen, dessen Decodierung der Gegenwart und die Aufschiebung des Wunsches wiedergeben. Im Gegensatz zur Proust-Lektüre, wo die Verschränkung der Zeitreihen noch zur Skizze von Potenzierungs- und Essentialisierungsvorgängen diente, halten die Autoren nur mehr solche Prozesse für lebensmächtig, die Gegenwart und Vergangenheit nicht zur Deckung gelangen lassen, vielmehr auseinander treiben und aus deren Divergenz Werdensprozesse schlagen. In Kafkas Texten sehen sie solche Werdensprozesse vom Kind-Werden über ein Tier-Werden bis hin zum Unwahrnehmbar-Werden erschrieben. Sie schlagen sich in Weisen des »Klein«-Werdens des Signifikanten, in Arten des Stotterns wie bei Sacher-Masoch nieder, welche Deleuze allerdings noch einmal unterschieden wissen will. Für Kafkas Weise des Stotterns mittels Bedeutungsaufschiebung und minoritärer Sprachbewegung wählt er den Terminus »bégaiement«, während er in Sacher-Masochs Bedeutungssuspension dank theatralischer Inszenierung und posenhaftem Schweigen ein »balbutiement« eingelöst sieht.

Das Klein-Werden der Sprache wird nicht zufällig mit der Einführung von Halb- und Vierteltonschritten in der musikalischen Chromatik verglichen, wie ja auch die Beschreibung in Termini von Serialisierung, Variation und Modulation als Anleihe bei der Musik begriffen werden kann. Allerdings ist mit »Abminderung« des Sprechens nicht die nach bestimmten Vorzeichen gemeint, sondern eine sich allen Vorzeichen entziehende Minorisierung des Sprechens in immer kleineren Tonbruchteilen und deren fortgesetzter Fraktalisierung. Wie am folgenden Zitat ersichtlich, geht damit der Versuch der Entfaltung einer – nicht »seins«-gestützten – »Ontologie des Sinns« einher, wie sie Deleuze in *L'île déserte et autres textes*[8] seinem Lehrer Jean Hippolyte und dessen Werk *Logique et Existence* konzediert:

»Stottern, das ist einfach, aber der Stotterer der Sprache selber zu sein, das ist etwas ganz anderes, da werden alle sprachlichen Elemente variiert, und sogar auch die nicht-sprachlichen Elemente, die Ausdrucksvariablen und die Inhaltsvariablen. Eine neue Form der Redundanz. Es hat in der Sprache immer einen Kampf zwischen dem Verb ›être‹ und der Konjunktion ›et‹ gegeben, zwischen est und et. Diese beiden Terme verstehen und vermischen sich nur zum Schein, denn der eine wirkt in der Sprache, während der andere alles variiert und die Linien einer allgemeinen Chromatik bildet. Zwischen beiden schwankt alles hin und her.« (TP, 137)

Die im Französischen gegebene klangliche Nähe der beiden Wörtchen »est« und »et« wird hier ausgespielt, um die das »Sein« und seine Prädikation »ist« unterminierende Tätigkeit der Konjunktion »und« zu verdeutlichen. Daher auch werden Kafkas, aber auch angloamerikanische literarische Texte als »und«-Verkettungen und Serialisierungen der Syntax gelesen, dank welcher sich der Signifikant zuletzt in Klang und Schrei wie in *Josefine, die Sängerin oder das Volk der Mäuse* auflöst und das Sprechen an die Grenze des Verstummens treibt. »Was Kafka interessiert, ist ein intensiver klanglicher Rohstoff, der sich tendenziell selbst aufhebt, ein deterritorialisierter musikalischer Klang, ein Schrei, der sich ebenso der Bedeutung entzieht wie der Komposition, der Melodie und dem Wort, eine Klanglichkeit im Bruch, im Bestreben, sich von einer noch viel zu signifikanten Fessel zu lösen. Im Klang zählt allein die Intensität.« (K, 11)

In ihrer Insistenz auf Textmerkmale der Satzverknüpfung, der Aussagenproliferation und der Bedeutungsaufschiebung lassen die Autoren sowohl Kafkas wie Prousts Texte als Schnittstellen divergierender und sich verkomplizierender Zeitlinien und von diesen initiierte Zeichenheterogenesen erscheinen. Insbesondere Kafkas Verzeitlichung des Signifikationsprozesses wird als Einlösung der Begriffsperson des »Nomaden« erkennbar. Sie soll »glatte Räume« hervorbringen, darin an das gesellschaftliche Feld, soweit dieses nicht »gekerbt« ist, anschlussfähig werden und ein kollektiven Sprechen artikulieren, wie unter dem revolutionären Impetus von 1968 behauptet wird.

Nomadisierende Schriftverfahren

Obwohl er ihr keine größere Betrachtung, sondern nur kleine Essays wie *Bartleby, ou la formule*[9] und verstreute Bemerkungen vor allem in *Mille Plateaux* gewidmet hat, erkennt Deleuze der angloamerikanischen Literatur von Herman Melville, F. Scott Fitzgerald, Henry Miller oder Virginia Woolf philosophischen Rang zu. Er hält sie für konstitutiv werdensfähig, schon weil sie sich dank der Verlagerung des europäischen Erbes auf den neuen Kontinent von Abstammungslinien entfernt, die ödipale Ordnung schwächt und zu neuen und beweglichen Schriftverfahren gelangt. Da die englische Sprache bei diesem Transfer ihres reichen Vokabulars verlustig geht und diesen Mangel durch syntaktische Beweglichkeit und die Tendenz zu analytischer Linearisierung kompensiert, erkennt Deleuze dem Amerikanischen eine gegenüber dem Englischen verstärkte Horizontalisierung zu. Nicht nur geben die literarischen Texte häufig Bewegungen durch das Land nach dem Prinzip des Road Movie wieder; auch die Sprache tendiert wie bei Kafka zum Klein-Werden und Nomadisieren ...

Reisen, Umherstreifen, Abenteuer – wie in Jack Kerouacs *On the road*. Der Erzähler in Melvilles Roman *Moby Dick* begibt sich aufs Meer, begibt sich auf die Jagd nach dem weißen Wal und übersetzt diese Jagd in die Textbewegung. Im »gegenseitigen Einfangen« von Mensch und Wal erhält die Schrift einen Tier-Affekt und reißt in dessen Fluchtbewegung den Signifikanten mit. In dieser Anverwandlung ans Tier erblickt Deleuze über Melville hinaus ein allgemeines Kennzeichen des literarischen Schreibens und führt als Belege das Fisch-Werden von Virginia Woolf (TP, 326) und das Ratte-Werden von Hofmannsthal (TP, 327) an. Sowohl Kafkas Volk der Mäuse wie Melvilles Volk der Wale werden indes nicht als homogene, geschlossene

Gemeinschaften gedacht, sondern als Massen und »Meuten«, wie Deleuze in *Mille Plateaux* sagt. Diese Meuten zeichnen sich dadurch aus, dass sie sich jeder äußeren Begrenzung durch fortgesetzte räumliche Verlagerung widersetzen und die literarischen Texte erneut auf ein »Kollektiv-Werden« öffnen, weshalb für Deleuze jedes Kunstwerk politisch ist.

In diesen eher über die Geographie und die Weite des Landes als über die Geschichte symbolisierten Ordnungen sieht er schließlich neue Allianzen, Netzwerke, Bruderschaften entstehen: »Das ist nach Melville die *Gemeinschaft der Junggesellen*, die ihre Mitglieder in ein grenzenloses Werden mitreißt!« (BF, 47) Der Verlust nicht nur der Abstammung und der Eigenschaften, sondern zuletzt auch des Eigenen gesellt die melvilleschen Romane und Erzählungen den dekonstruktiven Verfahren von Kafka und Sacher-Masoch zu, in deren Schriften Deleuze bereits horizontale Politiken der »Vergemeinschaftung« von Brüdern und Schwestern angedeutet sah. Allerdings träten nun noch expliziter an die Stelle des besitzenden Subjekts der besitzlose Entdecker und an die Stelle von Wissen die Tugenden von Glaube und Hoffnung; neue Gedächtnisse, so leer wie das Land, mit »kommenden Inhalten« ersetzten die alten nationalen Gedächtnisse. Eine der Unbestimmtheit der äußeren Natur entsprechende unbestimmte Psyche kennzeichne die Bewohner des amerikanischen Kontinents, weshalb in ihren literarisierten Bruderschaften nicht eine auf Akkumulation basierende Ökonomie und Politik, sondern eine auf Vertrauen gegründete Gemeinschaft und zuletzt ein »universelles Volk« entworfen werde.

Am deutlichsten wird Deleuzes Charakterisierung der angloamerikanischen Literatur schließlich in *Bartleby, ou la formule*, einer der Erzählung *Bartleby* von Herman Melville gewidmeten Studie. Die Aussage des Protagonisten *I would prefer not to* entziffert Deleuze als die Formel des »Nomadisierens auf der

Stelle«, als Verfahren der Selbstdekonstruktion schlechthin: Bartleby wagt sich in seiner Aussage zugleich vor und zieht sich zurück, artikuliert einen Wunsch, dem kein Referenzobjekt, nur das Unbestimmt-Werden des Wünschens entspricht. Insofern lässt er die Wunschartikulation selbst problematisch werden, produziert Schweigen und Ratlosigkeit um sich herum. Bartleby selbst entstrukturiert sich in seiner Formel und deren doppelläufiger Bewegung: »Die Formel wirkt verheerend [...] Sie hebt eine Ununterscheidbarkeits-, eine Zone der Unbestimmtheit aus, die unaufhörlich zwischen den nicht-gemochten [...] Tätigkeiten und einer bevorzugbaren [...] Tätigkeit wächst.« (BF, 14) Da die Formel zwischen Artikulation und Suspension eine »Wüstenzone« entfaltet, wird Bartleby zum *»Mann ohne Referenz«* (BF, 21). Seine »Involution« entziffert Deleuze als affirmativen Existenzmodus, da er Rollenfestlegungen und Begehrensfixierungen verweigert und sich einem unbestimmten Werdensprozess überantwortet. Daher sieht Deleuze in ihm einen neuen Menschentyp entstehen, der eine kommende Welt präfiguriert: »Selbst als Katatoniker [...] ist Bartleby nicht der Kranke, sondern der Arzt eines kranken Amerika, der Medicine-man, der neue Christus oder unser aller Bruder.« (BF, 60)

Angesichts dieser radikalen Bartleby-Lektüre stellt sich abschließend die Frage, ob diese literarischen Entsubjektivierungsprozesse noch als »revolutionäre« Befreiung von den Einheitsstiftern der Sprache, dem Organismus und der Subjektivität, ob die Bewegungen an den Rand des Sprechens und Existierens noch als differentielle Minderheitenpolitiken gelesen werden können. Wie Deleuze selbst sagt, lässt sich das Unwahrnehmbar-Werden als Fluchtpunkt der immanenten Differenzierungsprozesse nicht unbedingt von seinem Gegenteil unterscheiden: dem Entdifferenzierungsprozess. Am monochromen Bild ist nicht mehr entscheidbar, ob es aus einer homogenen Fläche oder aus unzähligen Minimaldifferenzen besteht. Wenn die Differenzierung zuletzt so molekular geworden ist, dass sie sich von der Entdifferenzierung nicht unterscheidet, stellt sich die Frage, ob sich das Denken der Mannigfaltigkeit nicht ad absurdum führt. Diese Frage wird umso dringlicher, als die Autoren den Kunstwerkcharakter von Literatur an Prozesse des Asignifikant-Werdens binden, in welchen sie zuletzt ihr eigenes Verschwinden betreibt.

4. Post-68er Schriften zur Philosophie

In der Folge der Ereignisse des Mai 1968 und der Begegnung und Zusammenarbeit mit dem Psychoanalytiker Félix Guattari kommt es in Deleuzes Schriften zu thematischen Entgrenzungen und epistemologischen Umbrüchen, wie im vorangehenden Kapitel im Zusammenhang mit seiner Proust-Studie skizziert.[1] Die politischen Ereignisse bringen eine stärkere Einbeziehung des gesellschaftlichen Feldes und eine Umdeutung des Unbewussten mit sich, welche eine Transposition der bisherigen Fragestellungen auf andere Ebenen und die Einbeziehung anderer Wissensfelder zur Folge haben.

Kollektive Wunschproduktionen, Gruppenphantasien, plurale Äußerungssubjekte

Félix Guattari habe, so Deleuze in *Pourparlers/Unterhandlungen*[2], bereits von »Wunschmaschinen« gesprochen zu Zeiten, da er selbst noch mit Fragen einer Ontologie des Sinns befasst gewesen sei. Ausgerechnet der Lacanschüler Guattari regt eine Kritik der psychoanalytischen Praxis an, da er in ihr eine Deutung des Unbewussten am Werk sieht, die dieses engführt, karikiert und zuletzt verrät. In ihrer ersten gemeinsamen Schrift *L'Anti-Oedipe. Capitalisme et schizophrénie* (1972)/*Anti-Ödipus. Kapitalismus und Schizophrenie*[3] (AÖ) werfen sie der Psychoanalyse insgesamt vor, das Unbewusste binären Einteilungen, der Instanz der Person, mythischen Erzählungen wie jener vom König Ödipus und klischeehaften Bildvorstellungen zu unterwerfen. Ihren »Ödipalisierungsverfahren« stellen die Autoren Verfahren der »Schizo-Analyse« entgegen, wobei die Bewegung des Schizo in Anlehnung an die Eigenbewegung des Kapitals beschrieben wird.

Die Autoren beginnen ihre polemische Schrift *L'Anti-Oedipe. Capitalisme et schizophrénie* mit einem deutlich provokativen Duktus, der den wissenschaftlichen Artikulationsgepflogenheiten ins Gesicht schlagen will und dem »Es«, das nun nicht mehr wie bei Freud »Ich« werden soll, eine unerhörte philosophische Dignität verleiht: »Es funktioniert überall, bald rastlos, dann wieder mit Unterbrechungen. Es atmet, wärmt, isst. Es scheißt, es fickt. Das Es.« (AÖ, 7) Um die von revolutionärem Elan getragenen Ausführungen der Schrift vorwegnehmend zusammenzufassen: Subjektivierungsprozesse werden als Effekte komplexer natürlicher und gesellschaftlicher Produktionsprozesse begriffen und in einer Maschinenbegrifflichkeit gefasst; in der »Schizo-Analyse« wird ein freiheitliches Gegenmodell zum kritisierten ödipalen Modell skizziert.

Die Wahl des Maschinenmodells ergibt sich dabei aus dem Anliegen, natürliche und gesellschaftliche Vorgänge als miteinander verbundene produktive Prozesse zu verstehen, die in – historisch und systematisch zu unterscheidenden – Aufzeichnungs- und Konsumtionsprozessen kodiert und domestiziert werden. Waren-, Geld-, Artikulations- und Ausscheidungsströme kommen in diesem produktiven Charakter überein und werden teilweise aneinander anschließbar. Die »abstrakte« Maschine bezeichnet eben diesen Produktionscharakter; jede Vergesellschaftungsform, aber auch jeder Individuationsprozess wird als – historisch wandelbarer – Teilvorgang ihrer umfassenden Tätigkeit verstanden, die sich auf das Verkoppeln der Ströme, ihre Unterbrechung und ihren teilweisen Verzehr beläuft.

Zum Zweck der Darlegung dieses Produktionscharakters nehmen die Autoren ein anfängliches Unproduktives, den »vollen Körper der Erde«, auch »organlosen« oder »bilderlosen Körper« (AÖ, 15) genannt, an, der mit dem »Es«, einem »intensiven germinativen Zustand«, gleichgesetzt wird. In ihm sollen sich jene von Freud mit dem Unbewussten verbundenen »Primärprozesse« und Wunschartikulationen vollziehen, die sich selbst hervorbringen und für die Herausbildung heterogener und komplexer Produktionsprozesse zuständig sind.

Der Untertitel der Schrift, *Kapitalismus und Schizophrenie*, erklärt sich nun daraus, dass die Autoren in der Bewegung des Kapitals, seiner unausgesetzten Verlagerung und Vermehrung, die ökonomische Artikulation dieser ungezügelten Wunschproduktion, im Schizophren-Werden deren psychische Artikulation erblicken. Wie »der organlose Körper [...] des kapitalistischen Wesens [...] der Sterilität des Geldes die Form zukommen [lässt], unter der es Geld schaffen wird« (AÖ, 17), so wird der Schizophrene als »universeller Produzent« (AÖ, 13) begriffen, der seine gesellschaftlichen Halluzinationen auf den »als Sozius (als Gesellschaftskörper, M.O.) bestimmten vollen Körper« (AÖ, 16) aufträgt. Sowohl in der Bewegung des Kapitals wie des Schizophren-Werdens erblicken die Autoren überzeitliche Grenzphänomene, die jede Gesellschaft und jedes Individuum heimsuchen und, wie wiederholt betont wird, darin übereinkommen, dass sie gegebene Einschreibungen decodieren. Sie realisieren damit jene von Freud beschriebene Tendenz des Unbewussten, den Organismus in einen entwicklungsgeschichtlich früheren Zustand, in den des Anorganischen, zurückzuführen. Die Decodierungen durch das Kapital wie die Schizophrenie stellen daher für alle Strukturen Bedrohungen dar, da sie deren zugrunde liegendes prästrukturelles Chaos revitalisieren.

Eine kongeniale Wiedergabe der schizophrenen Aufhebung binärer Unterscheidungen erblicken die Autoren in Büchners Novelle *Lenz*:

»Lenz hat die Ebene des Bruchs von Mensch und Natur hinter sich gelassen und befindet sich damit außerhalb der von dieser Trennung bedingten Orientierungsmuster. Er erlebt die Natur nicht als Natur, sondern als Produktionsprozess. Nicht Mensch noch Natur sind mehr vorhanden, sondern einzig Prozesse, die das eine im andern erzeugen und die Maschinen aneinanderkoppeln. Überall Produktions- und Wunschmaschinen, die schizophrenen Maschinen, das umfassende Gattungsleben: Ich und Nicht-Ich, Innen und Außen wollen nichts mehr besagen.« (AÖ, 8)

Der Produktionsprozess wird in der Folge als Vielzahl von Synthesebildungen bestimmt: Auf die »konnektive« Synthese der Wunschproduktion, in der sich Wunschartikulationen verlängern und verbinden, folgt die »disjunktive« Synthese der Aufzeichnung, was bedeutet, dass von der Produktion etwas abgeschöpft und in anderes, »Numinoses«, verwandelt wird. Eine dritte, »konjunktive« Synthese bezeichnet den partiellen Verzehr dieses Überschusses, die Konsumtion. Diese Prozesse sind indes untrennbar miteinander verschränkt: »Wie ein Teil der Libido, die Produktionsenergie, sich in Aufzeichnungsenergie verwandelt hat, so wird auch ein Teil derselben in Konsumtionsenergie verwandelt. Die Restenergie treibt die dritte Synthese des Unbewussten an, die konjunktive Synthese des ›das also ...‹ oder der Produktion der Konsumtion.« (AÖ, 24)

Vor dem Hintergrund dieses umfassenden Produktionsmodells wenden sich die Autoren polemisch gegen die Psychoanalyse insbesondere der Schüler Lacans, weil sie die kategorialen Unterscheidungen zwischen Realem, Symbolischem und Imaginärem festschrieben, die Phantasieproduktion in die individuelle Imagination einsperrten und den »Strukturödipus« zum universellen Gesetz erhöben. »Ödipalisierung«, so lautet der Vorwurf gegen die Psychoanalyse und ihre libidinöse Besetzung des familiären Dreiecks, vergesse, dass der libidinösen Besetzung des gesellschaftlichen Feldes ein »logisches Primat« (AÖ, 461) zukomme; stattdessen werde der Ödipusmythos zur universellen Invariante erhoben: »Wir sind dermaßen durch Ödipus formiert, dass wir Mühe haben, einen anderen Gebrauch uns vorzustellen.« (AÖ, 97) Anstatt das Unbewusste als Ermöglichungsgrund der vielfältigen Synthesen zu denken, wird es »der Logik der Person unterworfen, imaginiert, strukturalisiert« (AÖ, 69) und an den Signifikanten des Phallus gebunden, »aus welchem durch Mangelbestimmungen die ganzen Personen entspringen« (AÖ, 94). Das Unbewusste wird blockiert, sein produktiver Charakter in »Theater, Bild, Inszenierung« (AÖ, 69) eingesperrt.

Aus diesem Grund fordert die Schizo-Analyse, »das Unbewusste zu desödipalisieren, um so die wahren Probleme zu erreichen« (AÖ, 105). Dazu gehört nicht nur, die Festlegung des Unbewussten auf ein individuelles Mythenreservoir, sondern auch die der Sexualität auf die Zweigeschlechtlichkeit abzulehnen. Mit Proust wird noch einmal der Gedanke variabler Libidoverkettungen und multipler Geschlechtsformationen diesseits binärer Körperkodierungen entfaltet: »Unmittelbar herrscht nichts Gemeinsames zwischen beiden Geschlechtern, die fortgesetzt miteinander kommunizieren, einem transversalen Modus folgend, wo jedes Subjekt beide, aber in sich abgeschlossene Geschlechter besitzt, die mit *dem einen oder anderen eines anderen Subjekts* kommunizieren.« (AÖ, 76). »Jedem seine Geschlechter« ist einer der Befreiungsslogans der Schizo-Analyse.

Gegen Lacan behaupten sie aber auch die Ungeschiedenheit des Imaginären und Symbolischen, »die das gesellschaftliche Feld als reales definieren« (AÖ, 79). Kunstproduktionen, Literatur,

Film, Musik, Malerei verstehen sie als unmittelbare Produktionen von Realem, da das Reale kein Prinzip sei, sondern produziert werde: »So meinen wir zum ersten, dass der Kunst und Wissenschaft eine revolutionäre Potentialität und nichts anderes zukommt.« (AÖ, 492) Schon aufgrund des Primats des gesellschaftlichen Feldes sind Phantasieproduktionen immer kollektiv: »So ist die Phantasie niemals individuell, sondern [...] *Gruppenphantasie.*« (AÖ, 40) Mit dieser Annahme von Gruppenphantasien verbinden sie die Hoffnung auf transversale Kommunikation zwischen Individuen, sofern sich diese nicht in die vom Gesetz definierten Identitäts- und Personenbegriffe einsperren lassen: »Der revolutionäre Pol der Gruppenphantasie tritt demgegenüber im Vermögen zutage, die Institutionen als sterblich zu erleben, sie gemäß den Artikulationen des Wunsches oder des gesellschaftlichen Feldes zu zerstören oder zu ändern.« (AÖ, 80) Da das Wünschen nicht in der persönlichen Ausdrucksproduktion, sondern in der unbewussten Besetzung des gesellschaftlichen Feldes seine Einlösung findet, beläuft sich das Phantasieren darauf, »die gesamte Geschichte zu halluzinieren, die Zivilisationen, die Kontinente und Rassen zu delirieren und auf intensive Weise ein Welt-Werden zu fühlen« (AÖ, 127). Um erneut zu den Gruppenphantasien und Besetzungen des historisch-gesellschaftlichen Feldes vorzudringen, gilt es alle »falschen Einheitsstifter« zu zerstören: »Die Aufgabe der Schizo-Analyse führt über die Destruktion, die [...] Ausschabung des Unbewussten. Ödipus zerstören, die Illusion des Ich, den Hampelmann Überich, das Schuldgefühl, das Gesetz, die Kastration.« (AÖ, 401)

In dem historisierenden und ethnographischen Teil der Schrift mit dem Untertitel »Wilde, Barbaren, Zivilisierte« unterscheiden die Autoren schließlich drei Gesellschaftsstadien, in welchen jene in *Logique du sens* skizzierten Stadien der Individualgenese – die schizoide, depressive und ödipale Phase samt ihrer jeweiligen Bildgenese –, nunmehr ins Kollektive erweitert, wiedererkennbar werden (vgl. Kap. 2, S. 76 f.). Ausgehend vom Naturzustand des »vollen Körpers der Erde« werden aufeinander folgende Prozesse der Beschriftung dieses Körpers skizziert, die die verschiedenen Vergesellschaftungsformen bedingen sollen. Anders als der Strukturalismus, der das Tauschprinzip zum primären Vergesellschaftungsprinzip erklärt, behaupten sie, dass der Wunsch »den Tausch [ignoriert], *er kennt nur den Diebstahl und die Gabe*« (AÖ, 238). Die Primärartikulationen beliefen sich nicht auf das Tauschen, sondern auf die Kennzeichnung der Erde und Körper, wie von der »primitiven Territorialmaschine« vorgeführt. Zwar bediene sich diese des Inzestverbots, welches hier mit dem Gesetz des Vaters aber nichts zu tun habe: »Durch das Verbot des Inzests mit der Schwester kommt die laterale Heiratsverbindung in Gang, durch das Verbot des Inzests mit der Mutter wird die Filiation umfänglich. Da herrscht keine Verdrängung des Vaters, keine Verwerfung des Vaternamens.« (AÖ, 204)

Die aufeinander folgenden Gesellschaftsstadien werden dann entlang ihrer medialen Artikulation differenziert. So sei die »Territorialmaschine« durch Oralität gekennzeichnet, was bedeute, dass ihr graphisches System noch nicht von der Stimme abhängig sei: »ein Tanz auf dem Boden, ein Zeichen auf dem Körper, eine Zeichnung an der Wand bilden ein graphisches System, einen Geo-graphismus« (AÖ, 241). Die spätere »barbarische imperiale Formation oder Despoten-Maschine« ergebe sich dagegen aus dem Wunsch nach allgemeiner Sichtbarkeit, nach Errichtung einer direkten Filiation zur Transzendenz und aus der Verdrängung der immanenten Einheit der Erde durch den Staat. Zur Despotenmaschine gehöre neben Gesetzgebung, Bürokratie, Steuererhebung, Staatsmonopol, imperialer Gerichtsbarkeit usw. der Verlust der Unabhängigkeit des Graphismus von der Stimme: »In ein und derselben Bewegung beginnt der Graphismus von der Stimme abhängig zu werden und induziert eine lautlose Stimme der Höhen und des Jenseits« (AÖ, 260) – »diese Stimme der Höhen« hat auch das zweite Stadium der Individualgenese, jenes der Vereinigung der Körperzonen unter einem bildlichen Idol, geprägt.

Das dritte Stadium, jenes des bürgerlichen Staates, erscheint in der nietzscheanischen Perspektive dieser Schrift schließlich als »allgemeine Sklaverei«, da es keinen der Produktion enthobenen Bereich des Genusses und der Anti-Produktion mehr gibt: »Der bürgerliche Immanenzzusammenhang, bestimmt durch die Konjunktion decodierter Ströme, die Negation jeglicher Transzendenz oder äußerer Grenze, die Effusion der Anti-Produktion in die Produktion, errichtet eine Sklaverei, die unvergleichbar, und führt eine Unterjochung ein, die ohne Beispiel ist: nicht einmal Herren gibt es mehr, sondern nur noch Sklaven, die anderen Sklaven Befehle erteilen.« (AÖ, 327) Die Personen werden zu Bourgeois privatisiert, »und die Familie wird jene Untereinheit, der sich die Einheit des gesellschaftlichen Feldes appliziert« (AÖ, 341). Ödipus »trifft ein: er entsteht im kapitalistischen System der Applikation gesellschaftlicher Bilder erster Ordnung auf familiale private Bilder zweiter Ordnung [...] Er stellt unser intimes Kolonialgebilde dar, das der gesellschaftlichen Herrschaftsform entspricht.« (AÖ, 342)

Im Gegensatz zu diesen historisierten Vergesellschaftungsformen wird der Kapitalismus nicht als historisches Stadium, sondern als überzeitliche Abstraktionsbewegung und »Negativ aller Gesellschaftsformationen« (AÖ, 195) verstanden: Er bedrohe jede Gesellschaft, insofern er – wie das Unbewusste – deren Kodierungen zu decodieren bestrebt sei. Die kapitalistische Maschine beginne, »wenn das Kapital aufhört, Bündniskapital zu sein und filiatives Kapital wird« (AÖ, 292). Allerdings bilde der Kapitalismus nur eine »relative Grenze«, insofern er die decodierten Ströme im Geld erneut axiomiert, während die Schizophrenie als absolute Grenze »die Ströme im freien Zustand über den desozialisierten organlosen Körper fließen lässt« (AÖ, 316). Mit der ökonomischen wie psychischen Decodierung wird solchermaßen die Hoffnung auf erneute Freisetzung des kollektiven Unbewussten und kollektiver Wunschartikulationen verbunden: »Statt des Code hat sie im Geld eine Axiomatik abstrakter Quantitäten gesetzt, die die Deterritorialisierung des Sozius (des Gesellschaftskörpers, M.O.) immer weiter vorantreibt, endlich einer Decodierungsschwelle zu, an der der Sozius zugunsten eines organlosen Körpers sich auflöst, womit die Wunschströme in ein deterritorialisiertes Feld, das des organlosen Körpers, befreit sind.« (AÖ, 44)

Dass Deleuze in dieser produktionsorientierten Phase auch mit anderen Personen kooperiert, zeigen seine *Dialogues* (1977)/ *Dialog*[4] (Dia) mit Claire Parnet, die als Filmemacherin das *L'Abécedaire*, jene für das Fernsehen aufgezeichneten Gespräche mit Deleuze entlang alphabetisch geordneter Begriffe, realisiert. Die Dialoge mit Claire Parnet erscheinen wie ein Präludium zum Fortsetzungsband von *L'Anti-Oedipe*, insofern in ihnen alle für *Mille Plateaux* bedeutsamen Fragestellungen angeschnitten werden. Ein kollektives »Wir« kreist um Fragen des Werdens, des Denkens in Territorialitäten mit multiplen (In)Dividualitäten, »Wüsten, Einöden – freilich bevölkert von Stämmen, von Pflanzen und Tieren« (Dia, 18 f.). In diesem Sinn wird auch der Begriff der Freundschaft und der Begegnung aktualisiert und modifiziert: »Aber was heißt das genau: Begegnung mit einem, den man mag? Ist das Begegnung mit einem Menschen oder mit Tieren, die sich in dir breit machen, mit Gedanken, die auf dich einstürmen, mit Bewegungen, die dich ergreifen, mit Tönen, die durch dich hindurchgehen? Und wie könnte all das scharf voneinander getrennt werden?« (Dia, 18) Betont wird die Notwendigkeit eines Denkens aus der »Mitte«: »Mitte, Milieu hat nichts mit Mittel, Durchschnitt zu tun, ist weder Zentrismus noch Mäßigung oder Mäßigkeit. Es handelt sich ganz im Gegenteil um absolute Schnelligkeit. Zu solcher Geschwindigkeit ist fähig, was mittendrin wächst.« (Dia, 37) Schreiben wird, wie schon mit Kafka und Sacher-Masoch, als Prozess des Klein-Werdens und als Verkettung mit gesellschaftlichen Minorisierungsprozessen definiert: »Jenseits eines Frau-Werdens, eines Neger-Werdens, jenseits sogar eines Minoritär-Werdens vollzieht sich das finale Unternehmen des Unsichtbar-Werdens. Nein, ein Schriftsteller sollte sich niemals wünschen, bekannt, anerkannt zu sein. Das Gesicht verlieren, die Mauer überklettern oder durchstoßen [...]: Schreiben hat keinen anderen Zweck.« (Dia, 53) Aus solchen Prozessen gehen »subjektlose dynamische Individuationen« hervor, die »kollektive Verkettungen bilden«: »Ein Ding, ein Tier, eine Person definieren sich nur mehr durch Zustände der Bewegung und Ruhe, der Schnelligkeit und Langsamkeit – und durch Affekte, Intensitäten.« (Dia, 100)

Geo-graphismus, Wissensritournelle, Werdenstugenden und Nomadologien

Der zweite Band von *Capitalisme et schizophrénie* verkündet ebenfalls bereits im Titel sein Programm: *Mille Plateaux* (1980)/ *Tausend Plateaus*[5] (TP) bezeichnet den Versuch, mit dem Verfahren der primitiven Territorialmaschine und ihrem »Geo-graphismus« wissenschaftlich ernst zu machen und jene wissenschaftlichen Ansätze zu kritisieren, die – wie der Strukturalismus – bei binären Einteilungen verharren, keine immanente Erweiterbarkeit ihrer epistemologischen Unterteilungen vorsehen und sich insgesamt einem Systemdenken verschreiben. Auf »Tausend Ebenen« wird der Versuch unternommen, überkommene Wissenschaftsdiskurse, seien es solche der Naturgeschichte, der Soziologie oder Linguistik, auf ihre Feldstrategien und ihre Art begrifflicher Verräumlichung zu untersuchen und dabei jene in den Vordergrund zu rücken, die immanent erweiter- und differenzierbar erscheinen. Das Buch selbst wird als variable Anordnung von Kapiteln verstanden, die unter historischen Daten den Einsatz kritischer Denkstrategien vorführen, welche allerdings in keiner chronologischen oder systematischen Abfolge zueinander stehen – weshalb sie auch nicht zwangsläufig linear zu rezipieren sind.

Wie die Autoren in ihrem italienischen Vorwort, das der deutschen Ausgabe vorangestellt ist, ausführen, habe *Mille Plateaux* von allen ihren Büchern die schlechteste Rezeption erfahren. Es sei in eine Zeit der Stagnation gefallen, im Gegensatz zu *L'Anti-Oedipe*, das als Produkt der bewegten Jahre um 1968 einen großen Erfolg kannte, wenn es auch zuletzt vielleicht noch tiefer verkannt worden sei. Der Fortsetzungsband steht in einer gewissen Kontinuität zu *L'Anti-Oedipe* und stellt doch eine Umschichtung dar: Aus *L'Anti-Oedipe* übernehmen die Autoren die Auffassung des Unbewussten als Produktionsstätte, der Gruppenphantasie als »historisch-mondialer« Halluzination der Weltgeschichte; abweichend von *L'Anti-Oedipe* denken sie die gesellschaftlichen Stadien nicht mehr in zeitlicher Abfolge, sondern als Gleichzeitigkeit von primitiven, despotischen und nomadischen Formationen. Allgemein, so sagt Deleuze in einem Interview[6] zu den beiden Büchern acht Jahre später, sei es ihnen um ein Denken gegangen, das die Grenze zwischen Natur und Kultur zu unterlaufen imstande sei, weshalb sie Begriffe wie »Verkettung/Gefüge« an die Stelle von Verhalten gesetzt und nach Art des russischen Konstruktivismus gegeneinander bewegliche Ebenen auf der Basis von rhythmischen und zeichenhaften Korrespondenzen und affektiven Verbindungen konstruiert hätten:

»Es gibt alle Arten von Verkettungen und von Komponenten von Verkettungen. Einerseits versuchen wir diesen Begriff an die Stelle jenes des Verhaltens zu setzen: von daher die Bedeutung der Ätiologie in *Mille Plateaux*, und der Analyse der tierischen Gefüge, beispielsweise der Territorialverkettungen. Ein Kapitel wie das des Ritournelles berücksichtigt zugleich tierische und musikalische Verkettungen: eben das nennen wir ein ›Plateau‹, was die Ritournelle eines Vogels und jene von Schumann in Kontinuität zueinander bringt. [...] In den Verkettungen gibt es Zustände, Körper, Körpermischungen, Allianzen, Aussagen und Äußerungsmodi, Zeichenregime. Deren Beziehungen sind sehr komplex. Zum Beispiel definiert sich eine Gesellschaft nicht durch Produktivkräfte und Ideologie, sondern eher durch ›Allianzen‹ und ihre ›Verdikte‹. Die Allianzen sind praktizierte, bekannte, erlaubte Vermischungen von Körpern [...]. Die Verdikte sind kollektive Aussagen, das heißt unkörperliche und plötzliche Transformationen, die in einer Gesellschaft ablaufen.« (*Deux régimes de fous*, 163 f., übersetzt v. M.O.)

Ihre epistemologische Umorientierung explizieren sie einleitend am Rhizommodell: In Abweichung von klassischen taxinomischen Einteilungen nach dem Stammbaummodell und der Deduktion von Gattung und Art nach äußeren Merkmalen suchen sie Unterscheidungskriterien nach Affekten, Rhythmen und unpersönlichen Affinitäten zu entwickeln, die zwangsläufig heterogene Elemente zueinander in Relation setzen. Diese machen ein Denken in zeitlichen Größen wie Ereignissen, Bewegungen, Ungleichzeitigkeiten, rhythmischen Korrespondenzen usf. erforderlich. Dieses Denken in unwillkürlichen und zeitbedingten Affinitäten versteht sich als eines in Termini von Körper und Kraft in Anlehnung an Spinozas *Ethik more geometrico*: »Ein Körper wird weder durch die ihn determinierende Form bestimmt, noch als determinierende Substanz oder als Subjekt, noch durch die Organe, die er hat, oder die Funktionen, die er erfüllt. Auf der Konsistenzebene *wird ein Körper nur durch die Längengrade und einen Breitengrad* bestimmt [...]; durch die Gesamtheit von bestimmten Affekten, zu denen er bei einem bestimmten Grad von Macht oder Vermögen fähig ist.« (TP, 354) In diesem spinozistischen Sinn führen die Autoren kritische Befragungen scheinbar unumstößlicher Größen wie »Gesichtlichkeit«, Staat, Subjekt- und Organismusstrukturen durch; ihnen werden Begriffe wie Gesichtsverlust, »Mikropolitik und Segmentarität«, Werdensprozesse und Geschwindigkeit, »Nomadologien« und »Kriegsmaschinen«, »glatte« Räume und »Diagramme« gegenübergestellt, deren Aufgabe epistemologische und politische »Entkerbung«, Unterminierung und Diversifizierung ist. Selbst für die Lektüre des Buches wird empfohlen, es nach Maßgabe der Affizierung zu durchlaufen, Querverbindungen herzustellen und die Ebenen nach Gutdünken zu wechseln.

Insbesondere im Kapitel »Intensiv-Werden, Tier-Werden, Unwahrnehmbar-Werden« breiten die Autoren ihre der gängigen Moral des gesunden Menschenverstands zuwiderlaufenden »drei Tugenden« (TP, 382) des »Unwahrnehmbar-, Ununterscheidbar- und Unpersönlich-Werdens« aus:

»In gewisser Weise muss man am Ende anfangen: alle Arten des Werdens sind schon molekular. Weil Werden nicht bedeutet, etwas oder jemanden zu imitieren oder sich mit ihm zu identifizieren. [...] Werden heißt, ausgehend von Formen, die man hat, vom Subjekt, das man ist, von Organen, die man besitzt, oder von Funktionen, die man erfüllt, Partikel herauszulösen, zwischen denen man Beziehungen von Bewegung und Ruhe, Schnelligkeit und Langsamkeit herstellt, die dem, was man wird und wodurch man wird, *am nächsten* sind. In diesem Sinn ist das Werden der Prozess des Begehrens (désir).« (TP, 371)

Solche Werdensstrategien entdecken sie erneut in literarischen Kunstwerken, insofern diese passionelle Denkprozesse sind: »Wenn der Schriftsteller ein Zauberer ist, dann liegt das daran, dass Schreiben ein Werden ist; das Schreiben ist von einem seltsamen Werden durchdrungen, das kein Schriftsteller-Werden ist, sondern ein Ratte-Werden, ein Insekt-Werden, ein Wolf-Werden etc.« (TP, 327). Allgemein sprechen sie davon, dass Werdensprozesse nur möglich werden, wenn sich der weiße Mann seiner Subjektstrukturen und seiner Zentralstellung in der europäischen Kultur begibt: »Es gibt kein Mann-Werden, weil der Mann die molare (große, kompakte, M.O.) Einheit par excellence ist, während die Arten des Werdens molekular sind. Die Funktion der Gesichtshaftigkeit hat uns gezeigt, in welcher Form der Mann die Mehrheit gebildet hat, oder vielmehr den Standard, auf dem diese Mehrheit beruht: weiß, männlich, erwachsen, ›vernünftig‹ etc., kurz gesagt, der Durchschnittseuropäer, das Subjekt der Äußerung.« (TP, 398) Dieser »zentrale Punkt« samt der von ihm getätigten binären Unterteilung muss verschoben und molekularisiert, das Gesicht dekonstruiert, der Mann in Prozesse des »Frau-Werdens« hineingeschoben werden, die, weil prinzipiell unendlich, auf die drei Weisen des Minoritär-Werdens als den neuen Taktiken einer Mikropolitik zulaufen. Aber auch die Frau muss sich ins Frau-Werden begeben, was gerade nicht bedeutet, sich mit dem weiblichen Geschlecht zu identifizieren, vielmehr »Atome von Weiblichkeit (auszusenden), die fähig sind, einen ganzen gesellschaftlichen Bereich zu durchlaufen und zu erfüllen, die Männer anzustecken und sie in dieses Werden hineinzuziehen« (TP, 376).

Eine Transposition der Werdensprozesse auf die gesellschaftliche Ebene stellt das Kapitel »Abhandlung über Nomadologie – Die Kriegsmaschine« dar. In Nähe zu den Ausführungen des Anthropologen Pierre Clastres werden hier in historischer und systematischer Herleitung »Kriegsmaschinen« skizziert, worunter nicht militärische oder staatliche Angriffs- oder Verteidigungsinstanzen, sondern Größen verstanden werden, die zwar zeitgleich mit Staatsformationen entstehen, diesen aber äußerlich sind, deren Grenzen verwischen und deren Strukturen verzeitlichen:

»Es wird klar, dass Banden ebenso wie weltweite Organisationen eine Form voraussetzen, die sich nicht aus dem Staat ableiten lässt, und dass diese Form der Exteriorität sich notwendigerweise als diffuse und polymorphe Kriegsmaschine darstellt. Es handelt sich um einen *Nomos*, der etwas ganz anderes ist als das ›Gesetz‹. Die Staats-Form als Form der Interiorität neigt dazu, sich selbst zu reproduzieren, sie bleibt sich trotz aller Veränderungen gleich und ist innerhalb der Grenzen der Pole leicht erkennbar, weil sie immer öffentliche Anerkennung sucht [...] Aber die Form der Exteriorität der Kriegsmaschine existiert nur in ihren Metamorphosen; sie existiert in einer industriellen Erneuerung, in einer technologischen Erfindung, in einem Handelskreislauf, in einer religiösen Schöpfung, in all diesen Strömen und Strömungen, die sich nur sekundär vom Staat aneignen lassen. Nicht als Unabhängigkeit, sondern als Koexistenz und Konkurrenz, *als ständiges Interaktionsfeld* muss man sich das Verhältnis von Exteriorität und Interiorität, von der Kriegsmaschine der Metamorphosen und den Staatsapparaten der Identität, von Banden und Königreichen, von Megamaschinen und Imperien vorstellen.« (TP, 494)

Dieser andere Nomos wird damit erkennbar als anderer Name der Werdensprozesse, welche die überkommenen Unterscheidungen durchkreuzen, affektgesteuerte Interaktionsfelder und flüchtige Ereignisse hervorbringen und neue Bereiche des Sichtbaren und Erzählbaren eröffnen. Daher wird dieser Nomos auch bestimmt als »unermessliche Mannigfaltigkeit, die Meute, das Hereinbrechen des Ephemeren und der Wandlungsfähigkeit. *Er löst Bindungen und bricht Abkommen.* Er führt *Furor* gegen das Maß ins Feld, Schnelligkeit gegen Schwerfälligkeit, Geheimnis gegen Öffentlichkeit, Macht gegen Souveränität.« (TP, 483) Solche Nomadologien sehen die Autoren erneut in den symbolischen Produktionen von Text- und Bildverfahren gegeben, sofern diese den Signifikanten horizontalisieren, Bildklischees entfigurieren, das Räumliche prozessualisieren und »glätten«. Das später in *L'Image-Temps* entfaltete »Zeit-Bild« des Nachkriegskinos kann ebenfalls als eine solche Kriegsmaschine verstanden werden, schon weil es die Zeit zum Subjekt werden lässt und sie in unabhängigen Opto- und Sonozeichen multipliziert.

Eine besonders reine Kriegsmaschine erblicken sie in Kleists Drama *Penthesilea*, welches davon erzählt, dass sich eine Amazonenschar zwischen die feindlichen Lager der Griechen und Trojaner schiebt und mit ihrer dynamischen Begehrenslogik die Schlachtordnungen verwirrt. Das Drama selbst entfaltet sich in sprachlichen Rhythmen zwischen Abwarten und Überstürzung und mündet gegen Ende ins Tier-Werden von Penthesilea selbst:

> »Kleist verherrlicht in seinem ganzen Werk die Kriegsmaschine und stellt sie dem Staatsapparat in einem von vornherein verlorenen Kampf gegenüber. [...] Goethe und Hegel, beides Staatsdenker, sahen in Kleist ein Monstrum, und Kleist hatte von vornherein verloren. Aber wie kommt es dann, dass er eine so eigenartige Modernität besitzt? Weil die Elemente seines Werkes Geheimhaltung, Geschwindigkeit und Affekt sind. [...] die Gefühle [werden] aus der Innerlichkeit eines ›Subjekts‹ herausgerissen und gewaltsam in ein Milieu reiner Äußerlichkeit versetzt, das ihnen eine unglaubliche Geschwindigkeit verleiht, die Kraft eines Katapults. Liebe und Hass sind keine Gefühle mehr, sondern Affekte. Und diese Affekte sind Momente eines Frau-Werdens und Tier-Werdens des Kriegers. [...] Dieses Element der Äußerlichkeit, von dem alles beherrscht wird, was Kleist in der Literatur erfindet, [...], gibt der Zeit einen neuen Rhythmus, eine endlose Aufeinanderfolge von Katatonien, Momenten der Bewusstlosigkeit, blitzartigen Entladungen oder Überstürzungen.« (TP, 488)

Selbstverständlich suchen Deleuze und Guattari solche Kriegsmaschinen auch innerhalb der wissenschaftlichen Diskurse auszumachen und skizzieren Ansätze dazu bei Demokrit, Lukrez, dem Naturforscher Geoffroy Saint-Hilaire, dem Mathematiker Desargues, dem Soziologen Gabriel Tarde oder dem Brückenbauingenieur Perronet, bei all jenen, die ihre Theorien nicht mit festen Körpern, sondern wie der antike Atomismus mit Strömungen beginnen lassen. Geoffroy etwa erfährt eine Würdigung, weil er im 19. Jahrhundert »ein grandioses Konzept der Schichtung [entwickelte]. Er sagte, dass die Materie, im Sinne ihrer größten Teilbarkeit, aus Teilen von abnehmender Größe, aus elastischen Strömen und Flüssigkeiten besteht, die ›sich verteilen‹, indem sie in den Raum ausstrahlen.« (TP, 67) An Tarde heben sie das Interesse für das unendlich Kleine und den molekularen Bereich von Überzeugung und Begehren hervor: »Und was ist Tarde zufolge eine Strömung? Eine Überzeugung oder ein Begehren [...] Überzeugungen und Begehren sind Grundlage jeder Gesellschaft, weil sie Strömungen sind, die als solche ›quantifiziert‹ werden können.« (TP, 298) Die Differentialrechnung von Leibniz, die Proto-Geometrie von Husserl gewinnen hier ebenso Bedeutung wie allgemein die Hydraulik oder differentielle Arten, Naturgeschichte oder Linguistik zu betreiben. »Es scheint, dass die nomadische Wissenschaft ein viel direkteres Gefühl für den Zusammenhang von Inhalt und Ausdruck als solchen hat, weil jeder der beiden Terme Form und Materie umfasst. Für die nomadische Wissenschaft ist die Materie daher nie eine vorbereitete, also homogenisierte Materie, sondern wesentlich ein Träger von Singularitäten (die eine Inhaltsform bilden). Und der Ausdruck ist auch nicht formal, sondern untrennbar mit den durchgängigen Merkmalen verbunden (die eine Ausdrucksmaterie bilden).« (TP, 507) In diesem Sinne siedeln sie Inhalts- und Ausdrucksebene, das *»Maschinengefüge* von Körpern, Aktionen und Passionen« und das *»kollektive Äußerungsgefüge*, ein Gefüge von Handlungen und Aussagen, von körperlosen Transformationen« (TP, 124) nicht auf verschiedenen Ebenen an: »Ein Äußerungsgefüge spricht nicht ›von‹ Dingen, sondern es spricht *auf derselben Ebene* wie die Zustände der Dinge oder die Zustände des Inhalts. [...] Kurz gesagt, die funktionale Unabhängigkeit der beiden Formen ist nur die Form ihrer wechselseitigen Voraussetzung und des ständigen Übergangs von der einen zur anderen.« (TP, 122) Formen, Strukturen und Substanzen erklären sie für sekundär, zu Resultaten grundlegender molekularer Bewegungen in den Schichten:

»Formen gehen auf Codes zurück, auf Codierungs- und Decodierungsprozesse in den Parastrata; während Substanzen als geformte Materien auf Territorialitäten zurückgehen, auf Deterritorialisierungs- und Reterritorialisierungsbewegungen auf den Epistrata. Tatsächlich sind die Epistrata von diesen Bewegungen, durch die sie konstituiert werden, ebenso untrennbar wie die Parastrata von jenen Prozessen. [...] Territorialitäten sind also von Fluchtlinien durchzogen, die anzeigen, dass in ihnen Deterritorialisierungs- und Reterritorialisierungsbewegungen stattfinden. [...] Sie selber wären nichts ohne diese Bewegungen, durch die sie angelegt werden. Kurz gesagt, die Epistrata und Parastrata gleiten innerhalb der Ökumene oder Kompositionseinheit einer Schicht unaufhörlich hin und her, sie bewegen, verschieben und ändern sich ständig.« (TP, 77)

Als tiefste Schicht dieser beweglichen und sich verändernden Schichtungen scheint schließlich das Chaos und die aus ihm geborenen Bewegungen, Milieus und Rhythmen auf: »Gerade der Begriff des Milieus ist nicht einheitlich: nicht nur das Lebendige geht ständig von einem Milieu ins andere über, sondern auch die Milieus gehen von einem zum anderen über und sind ihrem Wesen nach kommunizierend. Die Milieus sind offen für das Chaos, das sie zu zerrütten und zu zersetzen droht. Aber der Rhythmus ist das Gegenmittel der Milieus gegen das Chaos. Die Gemeinsamkeit von Chaos und Rhythmus ist der Zwischenraum, der Raum zwischen zwei Milieus, Chaos-Rhythmus oder Chaosmos.« (TP, 427) Alle Lebensprozesse beginnen in diesem Chaosmos, als Rhythmus, Zeitskandierung und Zeitakzentuierung, welche im Gegensatz zum »dogmatischen« musikalischen Metrum als »kritisch« zu verstehen sind: Der Rhythmus »wirkt nicht in einem homogenen Zeitraum, sondern operiert mit heterogenen Blöcken. Er ändert die Richtung.« (TP, 427)

So lässt sich insgesamt konstatieren, dass in *Mille Plateaux/ Tausend Plateaus* von affektiven und rhythmischen Korrespondenzen gesteuerte Denk-, Wissens- und Diskursstrategien entfaltet werden, welche in einem paradoxen Verhältnis zueinander stehen, insofern sie nicht hierarchisch geschichtet sind, sondern als Teilebenen der umfassenden Immanenzebene ineinander übergehen, sich gegeneinander verschieben und sich wechselseitig bedingen: »Die Konsistenzebene weiß nichts von Niveauunterschieden, von Größenordnungen oder Abständen. Sie weiß nichts vom Unterschied zwischen Künstlichem und Natürlichem. Sie weiß nichts von der Unterscheidung zwischen Inhalten und Ausdrücken oder zwischen Formen und geformten Substanzen; all das existiert nur durch und in Beziehung zu den Schichten.« (TP, 98) Transversale Verbindungen verknüpfen Teilsegmente quer durch die Schichten und erstellen jenes rhizomatische Gefüge des Denkens, welches begrifflich zu entfalten Ziel dieses Buches ist. Diese dezentrierte Denkpraxis soll nicht zuletzt dazu beitragen, »binäre Segmentaritäten« auch der philosophischen Kategorienbildung in »geschmeidige und molekulare Segmentarität« zu verflüssigen, um überall »Mannigfaltigkeiten mit n-Dimensionen« hervortreten zu lassen.

Körper und Falten

Mit *Spinoza. Philosophie pratique/Spinoza. Praktische Philosophie*[7] greift Deleuze 1981 noch einmal die spinozistische Philosophie auf, die er bereits 1968 in *Spinoza et le problème de l'expression/Spinoza und das Problem des Ausdrucks*[8] (SPP) behandelt hat. Während es ihm in der früheren Schrift in Nähe zu *Différence et répétition* darum ging, eine Ontologie der Univozität zu explizieren, sucht er nun seine dort aufgeworfene Frage »Was kann ein Körper?« zu vertiefen und legt die Betonung auf den von Spinoza behaupteten Parallelismus von Körper und Geist. Solange wir nicht wissen, was ein Körper vermag, zu welchen Affekten er fähig ist, sagt Deleuze, wissen wir nichts über das Denken, da »der Körper die Erkenntnis übersteigt, die man von ihm hat«, ebenso wie *»das Denken das Bewusstsein übersteigt, das man von ihm hat«* (SPP, 28). Entscheidend wäre also, den Körper ohne Reduktion auf den Organismus, das Denken ohne Reduktion auf das Bewusstsein zu betrachten. In diesem Sinn skizziert er die spinozistische Moral als eine, die das Gute und Schlechte nach Kriterien des Förderlichen und Nicht-Förderlichen, der Möglichkeit der Steigerung der Tätigkeitsvermögen evaluiert: »Man sieht also, wie die *Ethik*, d.h. eine Typologie immanenter Existenzweisen, die Moral ersetzt, die die Existenz immer mit transzendenten Werten verknüpft. Die Moral ist das Gottes-Urteil, das *Urteils-System.* Die Ethik aber kehrt das Urteils-System um. Im Gegensatz zu den Werten (gut-böse) wird der qualitative Unterschied der Existenzweisen (gut-schlecht) an deren Stelle gesetzt.« (SPP, 34) So lautet »das dreifache praktische Problem der Ethik folgendermaßen: *Wie zu einem Maximum der lustvollen Leidenschaften gelangen* und von da aus zu den aktiven freien Gefühlen übergehen [...]? *Wie es erreichen, adäquate Ideen zu bilden*, aus denen genau die aktiven Gefühle sich ableiten?« (SPP, 41). Adäquate Ideen und lustvolle Leidenschaften können sich hier nur aus der Selbstaffektion des Denkens ergeben: »Die Immanenz aber ist das Unbewusste selbst und die Eroberung des Unbewussten. Die ethische *Lust* ist das Korrelat der spekulativen *Bejahung*.« (SPP, 41) Allein eine solch immanente Ethik der »Selbsteroberung des Unbewussten« ist in der Lage, singuläre Denkweisen hervorzubringen, welche Deleuze für allein bedenkenswert und »lebensmächtig« hält: »Einerseits enthält ein Körper, so klein er auch sei, immer unendlich viele Teilchen: die Verhältnisse von Ruhe und Bewegung, Schnelligkeit und Langsamkeit zwischen den Teilen, die einen Körper in seiner Individualität definieren. Andererseits affiziert ein Körper andere Körper oder wird von anderen Körpern affiziert: diese Macht zu affizieren und affiziert zu werden definiert ebenfalls einen Körper in seiner Individualität.« (SPP, 159 f.) Vor diesem Hintergrund rekonstruiert Deleuze die spinozistische *Ethik* nicht als System, sondern als Feld von Grundbegriffen, die er als eine Art Index auflistet und einzeln expliziert.

In seiner Schrift *Le pli. Leibniz et le baroque/Die Falte. Leibniz und der Barock*[9] (L) von 1995 erfährt seine Zeitphilosophie noch einmal eine Umformulierung, insofern sie nun mit Leibniz' Philosophie und der Architektur des Barock in Begriffen von Ein- und Entfaltung als anderen Namen für Virtualität und Aktualität dargeboten wird. Der Barock, so Deleuze, habe weniger ein Wesen als eine »operative Funktion« (L, 11), die darin bestehe, Falten zu bilden und zu entfalten. Zusammen mit Leibniz unterscheidet er die barocke Architektur in zwei Zustände und Etagen, eine fensterlose, obere Etage und eine durch Fenster durchbrochene untere Etage, die er auch »Faltungen der Materie und Falten in der Seele« (L, 13) nennt: »Auf beide wird, unter unterschiedlichen Bedingungen, dasselbe Bild der Adern des Marmors angewandt: einmal sind die Adern die Faltungen der Materie, welche die in der Masse genommenen Lebewesen umgeben, so dass der Marmorblock wie ein aufgewühlter See voller Fische ist. Ein andermal sind die Adern die in der Seele eingeborenen Ideen.« (L, 13) Deleuze skizziert hier erneut ein zeitabhängiges Ausdrucksverhältnis: Seele und Welt verhalten sich wie der »Ausdruck der Welt (Aktualität)« und »das Ausgedrückte der Seele (Virtualität)« (L, 48) zueinander: »Genau so teilen sich die beiden Etagen in Beziehung auf die Welt auf, die sie ausdrücken: diese aktualisiert sich in den Seelen und realisiert sich in den Körpern. Sie ist also zweimal gefaltet, in den Seelen, die sie aktualisieren, und nochmals gefaltet in den Körpern, die sie realisieren [...]. Und zwischen den beiden Falten eine Zwischen-Falte, die *Zwiefalt*, die Knickstelle der beiden Etagen, das Gebiet der Untrennbarkeit.« (L, 196)

Zusammen mit Leibniz und in Nähe zu den griechischen Atomisten entwickelt er hier – einmalig in seiner Theorie – eine Vorstellung von Materie, die als flüssig, elastisch, unterteilbar, aus Wirbeln zusammengesetzt, gekrümmt und komprimierbar gedacht wird: »Die Materie stellt also eine unendlich poröse, schwammige oder ausgehöhlte Textur ohne leeren Raum dar, immer wieder eine Höhlung in der Höhlung: jeder noch so kleine Körper enthält eine Welt, insofern er von unregelmäßigen Gängen durchlöchert ist, umgeben und durchdrungen von immer feinerem Flüssigen.« (L, 14). Sie ist ein in sich bewegliches Kontinuum, das sich »ins Unendliche in Falten unterteilt oder sich in Kurvenbewegungen auflöst« (L, 15). Entfalten bedeutet Übergang von einer Falte zur nächsten; um dieses zu ermöglichen, muss jede Falte »Zwiefaltung« sein, ein »Zwischen-Zwei in dem Sinne, dass sich die Differenz differenziert« (L, 24). Da die Materie aus Falten besteht, erscheinen Gegenstände als »kontinuierliche Variation der Materie« (L, 36), als Funktion von Kurvenbewegungen; »das ideale genetische Element« ist dabei die »Inflexion« (L, 29), der Gipfel- und Umschlagspunkt der Kurve, dessen »Gesichtspunkt« nicht mehr der eines Subjekts, sondern der »einer korrelativen Transformation des Gegenstands« (L, 36), eines »Superjekts« (L, 36) ist, wie Deleuze mit Whitehead sagt. Da jeder Gesichtspunkt das Gesamt der Materie variieren lässt, nennt er Leibniz' Philosophie einen konsequenten Perspektivismus, wie er ihn selbst seit seiner Nietzsche-Studie zu entfalten sucht. Am Modell der Stadt expliziert: »Was durch einen Gesichtspunkt erfasst wird, ist daher weder eine bestimmte Straße noch deren bestimmbares Verhältnis zu anderen Straßen, die Konstanten sind, sondern die Mannigfaltigkeit aller möglichen Verknüpfungen zwischen dem Verlauf irgendeiner Straße und dem einer anderen: die Stadt als ordnungsfähiges Labyrinth.« (L, 45)

Die Annahme der Doppelgegebenheit der Welt als aktueller und virtueller wiederholt Deleuze nun in der Faltenbegrifflichkeit: »Die ganze Welt ist eine Virtualität, die aktual nur in den Falten der Seele existiert, die sie ausdrückt, wobei die Seele von inneren Faltungen aus operiert, wodurch sie sich eine Repräsentation der eingeschlossenen Welt gibt. Wir gehen in einem Subjekt von der Inflexion zum Einschluss wie vom Virtuellen zum Aktualen.« (L, 42) So gelangt er zu einer anderen Beschreibung von Welt als *»unendliche Kurve, die an unendlich vielen Punkten unendlich viele Kurven berührt«* (L, 45). Die Welt wird von den Subjekten, welche sie in ihrer vorgängigen Virtualität überhaupt erst ermöglicht, aktualisiert: »Man muss die Welt ins Subjekt setzen, damit das Subjekt für die Welt sei.« (L, 48) Sie wird in diesen Aktualisierungen zum Ereignis und ist als unkörperliches Prädikat in jedem Subjekt eingeschlossen, wobei ein jedes die Welt aus seinem Gesichtspunkt zum Ausdruck bringt. Alles, was sich aktualisiert, sind nach Leibniz Individuen, daher sind auch Begriffe Individuen: »Das ist die Hochzeit von Begriff und Singularität.« (L, 112) Von daher gibt es keine Entgegensetzung von Substanz und Attribut, sondern nur Weisen des Einschlusses; die Einheit der Substanz ist *»der Bewegung innerlich* [...] *oder eine Veränderungseinheit, die aktiv ist«* (L, 93).

Die Monaden sollen solche Substanzen darstellen, die die ganze Welt umhüllen, wenn auch nicht gänzlich aktualisiert. An jede Monade ergeht daher die Aufforderung, »all ihre Perzeptionen zu entwickeln« (L, 124), wie sich die »Moral« der Seele darauf beläuft, »jedes Mal ihre Region klaren Ausdrucks zu erweitern, ihren Ausschlag zu vergrößern [zu] versuchen, damit eine freie Tat hervorgebracht werden kann.« (L, 123) »Die beste aller Welten« erscheint in diesem Sinn als diejenige, die, maximal aktualisiert, eine Fähigkeit zur Kreativität besitzt und darin Neues schafft. »Der Optimismus von Leibniz gründet sich auf die unendlich vielen Verdammten als den Sockel der besten aller Welten: *sie setzen eine unendliche Quantität an möglichem Fortschritt frei*, und, was ihre Raserei vervielfacht: sie machen eine Welt im Fortschreiten möglich.« (L, 125)

Archiv und Karthographie

Die dritte und letzte der Monographien nach 1968, die sich einer Denkkonstellation unter einem Philosophennamen widmet, gilt dem langjährigen intellektuellen Weggefährten und Mitdenker Michel Foucault. Als Titel verleiht ihr Deleuze den Eigennamen *Foucault*[10] (1986), um dessen Sprechen aus unterschiedlichen Perspektiven, dessen Aussagenverkettungen und Mikropolitiken nachzuzeichnen und unter Kapitelüberschriften wie »Ein neuer Archivar« und »Ein neuer Karthograph« zu entfalten. Noch einmal erweist sich Deleuzes Methode des »wechselseitigen Einfangens« als fruchtbar, erhellend im Hinblick auf das Problemfeld Foucault, das zu Teilen deckungsgleich mit dem deleuzeschen erscheint.

Zunächst skizziert er die Topologie, in welcher Foucault operiert, als mikrostrukturelles Feld von Schichten und Schwellen des Sagbaren und Sichtbaren, das dem phänomenal Gegebenen voraus- und zugrunde liegt. In dieser Topologie verortet er Foucaults archäologische Strategien, die darauf abzielen, die Phänomenologie in Epistemologie zurückzuverwandeln. Denn die Phänomene verdeckten eher die grundlegenden »informellen« Formationen, ihr »absolutes Außen und absolutes Innen«, als dass sie sie präsentierten. Da sich in den Schichten fortgesetzt Ablagerungen bilden, »die etwas Neues sehen oder sagen lassen« (F, 169), heißt Denken: »sich niederlassen innerhalb der Schicht, in der Gegenwart, die als Grenze dient: was kann ich heute sehen und was kann ich heute sagen? Das aber heißt, die Vergangenheit so zu denken, wie sie sich im Innern verdichtet, in der Beziehung zu sich [...]. Die Vergangenheit gegen die Gegenwart denken, der Gegenwart Widerstand entgegensetzen, nicht für eine Rückkehr, sondern ›zugunsten, hoffentlich, einer künftigen Zeit‹.« (F, 168) Zugleich geht es aber auch darum, über die Schichten »hinauszugelangen, um ein Außen zu erreichen, ein atmosphärisches Element, eine ›nichtgeschichtete Substanz‹, die zu erklären vermöchte, wie sich die beiden Formen des Wissens in jeder Schicht verbinden und verflechten können, von der einen Seite des Risses zur anderen. Wie können sonst die beiden Hälften des Archivs miteinander kommunizieren und Aussagen unter die Bilder kommen und Bilder die Aussagen illustrieren?« (F, 170)

Deleuze beginnt mit der Bestimmung des Feldes des Sagbaren als einem von Aussagen, die sich wie die Ereignisse aus unpersönlichen und präindividuellen Feldmarkierungen ergeben und den gleichen »Bildungsgesetzen« wie das Immanenzfeld unterliegen. Foucaults archäologische Methode versteht er als das Verfahren, Aussagen unterhalb von Propositionen und Sätzen zu entdecken und umgekehrt die Propositionen in das unstrukturierte Aussagenfeld zurückzubetten. »Die Wörter, Sätze und Propositionen *öffnen*, die Eigenschaften, die Dinge und die Objekte *öffnen*: die Aufgabe der Archäologie ist eine doppelte.« (F, 76) In diesem unpersönlichen Aussagenfeld gibt es keine Subjekt-Objekt-Unterscheidung, keine zuweisbaren Gegenstände und keine identifizierbaren Subjekte der Äußerung. Es spricht überall, man spricht, Aussagen sprechen als Funktionen der Verkettung von Singularitäten zu Kurven, Rhythmen und Graphiken. Was für die Aussagen gilt, gilt auch für die Sichtbarkeitsverhältnisse: »Man muss die Dinge aufsprengen, muss sie aufbrechen. Die Sichtbarkeiten sind nicht Gegenstandsformen, auch keine Formen, die sich in der Berührung von Licht und Ding kundgäben, sondern Formen der Helligkeit, die vom Licht selbst geschaffen wurden und die die Dinge oder Objekte nur noch als Aufblitzen, als Spiegelung, als Schimmer bestehen lassen.« (F, 75)

Unter der Überschrift »Ein neuer Karthograph« skizziert Deleuze schließlich eine »immanente Ursache«, die diese Aussagen hervorbringen soll. Er bezeichnet sie als »informelle Dimension« und mit Foucault als »Diagramm« (F, 52):

»Das *Diagramm* ist nicht mehr das audio-visuelle Archiv, es ist die Karte, die Kartographie, koextensiv zur Gesamtheit des sozialen Felds. Es ist eine abstrakte Maschine. Indem sie sich durch informelle Funktionen und Materien definiert, ignoriert sie jede Formunterscheidung zwischen einem Inhalt und einem Ausdruck, zwischen einer diskursiven Formation und einer nicht-diskursiven Formation. Es ist eine beinahe stumme und blinde Maschine, obgleich sie es ja ist, die zum Sehen oder Sprechen bringt.« (F, 52)

Dieses Diagramm, »instabil und fließend«, wird als Produzent einer anderen Realität und eines neuen Modells von Wahrheit verstanden, da es »die vorherigen Realitäten und Bedeutungen auflöst und dabei ebenso viele Punkte der Emergenz oder der Kreativität, der unerwarteten Verbindungen und der unwahrscheinlichen Übergänge bildet. Es fügt der Geschichte ein Werden zu.« (F, 54) Jede Gesellschaft beruhe auf einer Summe solcher – historisch unterscheidbarer – Diagramme, die die Verhältnisse des Sichtbaren und Sagbaren, »die Karte der Kräftebeziehungen, der Dichteverhältnisse, der Intensitäten« (F, 55) als variable und wandelbare hervorbringen »und nur Möglichkeiten definieren, Interaktionswahrscheinlichkeiten, soweit sie nicht in ein makroskopisches Ganzes eingehen, das imstande ist, ihrer fließenden Materie und ihrer diffusen Funktion eine Form zu geben« (F, 56). Das Diagramm wird erneut als raumzeitliche und mikrostrukturelle Mannigfaltigkeit erkennbar, als Potenz der Verschiebung und Differenzierung der Strukturen.

Das Poststrukturalistische von Deleuzes Ansatz bekundet sich hier noch einmal in der Betonung des zeitlichen Risses dieser foucaultschen Karte, der das Sichtbare und Sagbare eher auseinander treibt, als in Kontinuität zueinander versetzt. Von daher beschreibt Deleuze das Verhältnis zwischen dem Sichtbaren und Sagbaren als Kampf und bringt diesen in konzeptionelle Nähe zu Kants Einbildungskraft, mithin zu jenem Vermögen, welches, wie oben gezeigt, Verstand und Vernunft nicht vermittelt, sondern in diskordantem Abstand voneinander hält. Die Betonung der fundamentalen Disjunktion des »audio-visuellen Archivs« (F, 92) rückt Foucaults Ansatz aber auch in die Nähe zum Film: Konzipiert Deleuze das filmische »Zeit-Bild« in seiner zweiten Studie *Cinéma 2. L'image-Temps*, wie nun zu zeigen sein wird, doch als aus divergierenden Serien des Sichtbaren und Sagbaren, aus Opto- und Sonozeichen sich komponierende und fortgesetzt verändernde Heterogenese der Zeit.

5. Schriften zu Malerei und Film

Haptische Figuren

Deleuzes Zuwendung zu Malerei und Film erklärt sich erneut aus der Suche nach Denkweisen, die mit Bewegung und Affekt, mit afigurativen Bildlösungen und zeitlichen Selbstvollzügen verbunden sind. Dabei geht er mit dem Maler Francis Bacon davon aus, dass es keine leeren Leinwände gibt, dass der Maler immer mittendrin, zwischen figurativen Gegebenheiten, zwischen Bildklischees, mit Verfahren der Subtraktion und Dekonstruktion beginnt. Seine Erörterung von dessen Gemälden unter dem Titel *Logique de la sensation* (1981)/*Logik der Sensation* (FB) gründet denn auch darin, dass er in ihnen Entfigurierungsprozesse, Weisen der Dekonstruktion der Porträtmalerei, der Bloßstellung des Körpers, seiner Rückführung auf Fleisch und Affekt, aber auch der Auflösung herkömmlicher Raumrepräsentationen erblickt. Gleich eingangs stellt er die Isolierung der Figuren in den baconschen Gemälden zum Zweck ihrer Entbindung von figurativen, illustrativen und narrativen Zwängen heraus. »Die Malerei kann weder ein Modell wiedergeben, noch hat sie eine Geschichte zu erzählen. Folglich stehen ihr gleichsam zwei mögliche Wege zur Verfügung, um dem Figurativen zu entkommen: auf die reine Form hin, durch Abstraktion; oder auf ein rein Figurales hin, durch Extrahieren oder Isolierung. Wenn sich der Maler an die Figur hält, wenn er den zweiten Weg nimmt, so wird er dies tun, um dem Figurativen das ›Figurale‹ entgegenzuhalten.« (FB, 9) Das baconsche Malen »après-coup« beläuft sich in diesem Sinn auf einen Vorgang der Subtraktion, in welchem dem Bildklischee die Figur und »das Figurale« entrissen werden, das Figurale verstanden als Gegenbegriff zum Figurativen, insofern es die unbekannte Figur, hier die konturlose, nackte Person als reines Kraftquantum, bezeichnen soll. »Zwischen dem, was der Maler machen will, und dem, was er tut, gibt es notwendigerweise ein Wie, ein ›Wie lässt sich das machen‹. *Ein wahrscheinliches visuelles Ensemble (erste Figuration) wurde desorganisiert, deformiert durch freie manuelle Striche, die – von neuem in das Ensemble injiziert – die unwahrscheinliche visuelle Figur (zweite Figuration) herstellen werden.*« (FB, 61)

Die Isolierung der baconschen Figuren – darin jenen von Beckett verwandt – wird erreicht durch ihre Platzierung auf Scheiben oder in Käfigen, die einer möglichen zentralperspektivischen Raumorganisation zuwiderlaufen: »Das gemeinsame Bild der Personen Becketts und der Figuren Bacons – dasselbe Irland: das Rund, das Isolierende.« (FB, 35) Vor allem aber bewirkt die »Entkleidung« der Personen von allen repräsentativen Merkmalen, ihre Exposition als Kraftquantum und Fleisch, das Extreme der baconschen Malerei: »Die Kraft steht in einem engen Bezug zur Sensation: Eine Kraft muss sich auf einen Körper richten, d.h. auf einen bestimmten Ort der Wellenbewegung, damit es eine Sensation gibt.« (FB, 39). Bacons Gemälde bilden daher weniger etwas ab, als dass sie jene unsichtbaren Kräfte erahnen lassen, die sich der Person bemächtigen und sie in einer Art Rohzustand, als Affektbündel, präsentieren. Diese Kraftwirkung bezeichnet Deleuze als »Sensation«, ihren Kulminationspunkt als »Schrei«. Das Bemerkenswerte in der Reduktion der Person auf den Schrei erblickt er dabei darin, dass der Sensation das Sensationelle, ihr spektakulärer Charakter, entzogen wird: Die Sensation erscheint in ihrer zeitkontraktiven »Essenz«. »Zweifach scheint Bacon die Zeit, die Kraft der Zeit sichtbar gemacht zu haben: die Kraft der verändernden Zeit durch die allotrope Variation der Körper – in einer Zehntelsekunde –, die zur Deformation gehört; dann die Kraft der ewigen Zeit, die Ewigkeit der Zeit durch jene Vereinigung/Separation, die in den Triptychen herrscht, reines Licht.« (FB, 43) Mit der Offenlegung der Zeitabhängigkeit von Personen und Dingen unterläuft Bacon die optisch-perspektivische Repräsentation und entfaltet »Diagramme«, die andere Wahrnehmungsvermögen aufrufen. »Das Diagramm ist niemals optischer Effekt, sondern entfesselte manuelle Macht [...] Die optische und optisch-taktile Welt sind weggefegt, verwischt.« (FB, 84) Bacons gesamten Einsatz versteht Deleuze als Unterbietung der optischen Wahrnehmung, die im Gegenzug eine Abtastung des Bildes in einem »formlosen Raum« mit »ruheloser Bewegung« (FB, 94) erzwingt: Haptisch nennt er zuletzt den Vorgang, wenn das Sehen in sich selbst eine »Tastfunktion« entdeckt, »unterschieden von seiner optischen Funktion« (FB, 94).

In diesen Verfahren der Deformation und Enthäutung des Personalen sieht Deleuze erneut untergründige Verwandtschaften zwischen Mensch und tierischer Kreatur sichtbar werden, die in ihrem »wechselseitigen Einfangen« beide Seiten modifizieren: »Der Mensch wird Tier, aber er wird es nicht, ohne dass das Tier zugleich Geist wird, Geist des Menschen, physischer Geist.« (FB, 20) Diese neuen diagrammatischen Beziehungen »gebrochener Töne«, für die er in *Mille Plateaux* den Begriff des Ritournelles findet, geben tiefere, nicht-figurative Korrespondenzen zu erkennen, rein »figurale« Ereignisse. »Das Faktum selbst aber, jenes der Hand entstammende pikturale Faktum, ist die Bildung eines dritten Auges, eines haptischen Auges, eines haptischen Sehens des Auges« (FB, 98), nach welchem Deleuze auch in den Filmen sucht.

Bewegungs- und Zeit-Bilder

Deleuzes eingangs charakterisiertes Programm einer Philosophie des Werdens führt ihn in seiner späteren Phase zum Zeitmedium schlechthin, zum Film. Es verwundert von daher wenig, dass er ihn als philosophische Artikulation in »Bildern des Denkens« versteht: »Ich mochte Autoren, die forderten, die Bewegung ins Denken einzuführen, die ›wahre‹ Bewegung (sie denunzierten die hegelsche Dialektik als abstrakte Bewegung). Wie sollte man da nicht aufs Kino stoßen, das die ›wahre‹ Bewegung ins Bild einführt? Es ging nicht darum, die Philosophie aufs Kino anzuwenden, sondern direkt von der Philosophie ins Kino zu gehen. Und umgekehrt ging man auch direkt vom Kino zur Philosophie.«[1] Deleuzes Filmlektüre vollzieht sich in affektiver und intellektueller Nähe zu jener der Filmzeitschrift *Cahiers du cinéma*, die sich ihrerseits philosophisch versteht. So äußert er gegenüber dem französischen Filmtheoretiker Serge Daney:

> »Sie fragen mich, warum so viele Leute übers Kino schreiben. [...] Mir scheint, eben deswegen, weil das Kino viele Ideen enthält. Was ich Idee nenne, das sind Bilder, die zu denken geben. Von einer Kunst zur anderen variiert die Natur der Bilder und wird untrennbar von den Techniken: Farben und Linien in der Malerei, Töne in der Musik, verbale Beschreibungen im Roman, Bewegungs-Bilder im Kino usf. In jedem Fall sind die Gedanken von den Bildern nicht ablösbar, sie sind den Bildern vollständig immanent. Es gibt keine abstrakten Gedanken, die sich gleichgültig in diesem oder jenem Bild realisieren würden, sondern konkrete Gedanken, die nur in diesen Bildern und ihren Mitteln existieren. Kinematographische Ideen freisetzen meint also, Gedanken herauslösen, ohne von ihnen zu abstrahieren, sie in ihrer Beziehung mit dem Bewegungs-Bild erfassen.«[2]

Filmen eignet wie bestimmten Literaturen ob ihrer Profilierung extremer Denkpositionen philosophische Dignität, weshalb er ihnen mit Bergson eine philosophisch-semiotisch-heterogenetische Lesart zuteil werden lässt. In seinen vier »Bergson-Kommentaren« von *Cinéma 1. L'image-Mouvement/Das Bewegungs-Bild. Kino 1 (BB) und Cinéma 2. L'image-Temps/Das Zeit-Bild. Kino 2*[3] (ZB) lässt er das Filmische erneut aus der Annahme folgen, dass die Welt unendliche »Dauer« von Bewegungen und Bildern ist, die sich dezentriert wechselseitig reflektieren: »Das Bild existiert an sich, auf dieser Ebene. Dieses An-sich des Bildes ist die Materie: nicht irgendetwas, was hinter dem Bild verborgen wäre, sondern im Gegenteil die absolute Identität von Bild und Bewegung.« (BB, 87) Was Deleuze als »Bewegungs-Bild« und »Zeit-Bild« in verschiedenen Bildtypen entfaltet, hat seinen »Grund in der Identität von Materie und Licht [...] Im Bewegungsbild gibt es noch keinen Körper oder harte Linien, sondern nichts als Lichtlinien oder Lichtfiguren. Die Raum-Zeit-Blöcke sind solche Figuren. Sie sind Bilder an sich. [...] Mit anderen Worten, das Auge ist in den Dingen, in den Licht-Bildern selbst.« (BB, 89 f.) Erst durch Einfügung lichtundurchlässiger Platten wie der Silberbeschichtung des Films wird die dezentrierte Bildreflexion »festgehalten« und von einem einzelnen Auge reflektiert. Film stellt daher die Aktualisierung der virtuellen Bildvielfalt aus dem spezifischen Kamerablickwinkel dar.

Deleuzes grobe Einteilung der Filmgeschichte in »Bewegungsbilder« und »Zeit-Bilder« ergibt sich aus der Unterscheidung der Filme im Hinblick auf ihr Verhältnis zur Zeit. Während in den Filmen vor dem Zweiten Weltkrieg die »Bewegung« das Dominierende sein soll, welche in bestimmten Wahrnehmungsweisen, »Aktionen« und »sensomotorischen« Abläufen zur Darstellung kommt und die Zeitlichkeit in eine untergeordnete Position treten lässt, soll in den Filmen nach dem Zweiten Weltkrieg die Zeit zum Subjekt des Films werden, was selbstreflexive Bildstrategien erzwingt und Bewegung und Narration in eine dienende Position rückt.

Das filmische »Wahrnehmungsbild« – erster Bildtyp des Bewegungsbilds – ergibt sich mithin aus der Zentrierung der virtuellen Bildvielfalt auf bestimmte, subjektive und objektive Kameraeinstellungen, nach deren Kombinatorik die Filme zu unterscheiden sind. Deleuze diskutiert das Verhältnis von subjektiven und objektiven Einstellungen und von deren Annäherung bis hin zur Ununterscheidbarkeit etwa in Pasolinis »Kino der Poesie«. Mit ihm und Jean Mitry entfaltet er den Begriff des »halbsubjektiven Bildes« (BB, 104), das sich einstellt, wenn der Kamerablickwinkel mit dem des Protagonisten verschmilzt und dem gesamten Film dessen Wahrnehmung verleiht.

Zu den Wahrnehmungsbildern gehören wiederum bestimmte Aktionen und Handlungsmuster, weshalb Deleuze die »zweite Metamorphose« (BB, 95) des Bewegungsbilds »Aktionsbild« nennt. Und schließlich sieht er den filmimmanenten Abstand zwischen Wahrnehmung und Aktion durch den »Affekt« besetzt: »Der Affekt ist das, was das Intervall in Beschlag nimmt, ohne es zu füllen oder gar auszufüllen. Er taucht plötzlich in einem Indeterminationszentrum auf, das heißt in einem Subjekt, zwischen einer in gewisser Hinsicht verwirrenden Wahrnehmung und einer verzögerten Handlung.« (BB, 96) Innerhalb des Bewegungsbilds unterscheidet er daher schwerpunktmäßig die drei Typen des Wahrnehmungs-, Aktions- und Affektbilds.

Im Gegensatz zu Bergson, der am Film gerade kritisiert, dass er uns eine »falsche Bewegung« liefere, indem er die Zeit in »Momentschnitte« unterteilt und »eine unpersönliche, einheitliche, abstrakte, unsichtbare oder nicht wahrnehmbare Zeit« (BB, 14) hinzuaddiert, geht Deleuze davon aus, dass Bild und Bewegung identisch sind und daher auch in einer Fotografie Bewegung virtuell enthalten ist: »Bewegung ist im Gegenteil im

Durchschnittsbild unmittelbar gegeben.« (BB, 14) Zwar ergibt sich die filmische Bewegung aus einer technischen Anordnung *»als Funktion eines beliebigen Moments*, das heißt in Abhängigkeit von Momenten in gleichem Abstand, die so ausgewählt werden, dass ein Eindruck von Kontinuität entsteht« (BB, 18); gleichwohl bietet der Film »unmittelbare Bewegungs-Bilder« (BB, 15). Bereits das Einzelbild enthält virtuelle Bewegung, die sich im Filmtransport, in der Bildserie, aktualisiert. In der technischen Reproduktion der beliebigen Momente wird die Kontinuität der Bewegung und die Dauer des Räumlichen erneut lebendig, umso mehr, als sie sich nicht aus den »ausgewählten, besonderen Momenten« der Porträtfotografie oder des Theaters zusammensetzt, wie sie Deleuze in der filmischen Dramaturgie von Eisenstein wiederaufleben sieht. Das Bewegungs-Bild bringt aber auch dank Montage und Kamerabewegung neue Zeitkonstruktionen hervor, wird »beweglicher Schnitt« (BB, 16). Innerhalb der Vorkriegsgeschichte der Montage unterscheidet Deleuze daher die »aktiv-organische« Montage des amerikanischen Films, die »dialektische« des sowjetischen Films, die »psychisch-quantitative« der französischen Schule und die »spirituell-intensive« des deutschen Expressionismus.

Die genauere Bestimmung der Typen des Bewegungs-Bilds folgt unterschiedlichen Kriterien. Grob unterscheidet er sie nach den in ihnen dominanten Einstellungsgrößen: »Den drei Arten von Varianten kann man drei Arten von räumlich festgelegten Einstellungen zuordnen: die Totale wäre vor allem ein Wahrnehmungsbild, die Halbnahaufnahme ein Aktionsbild und die Großaufnahme ein Affektbild.« (BB, 102) Dabei kommt der Großaufnahme des Affektbilds insofern ein besonderer Status zu, als es – wie die Figuren auf den Gemälden von Francis Bacon – den narrativen Ablauf durchbricht, von Raum-Zeit-Koordinaten abstrahiert und, indem es das Dargestellte als solches, als figurales, vorführt, »den Status der Entität« erreicht (BB, 134): »Die Großaufnahme ist keine Vergrößerung [...]; sie ist eine absolute Veränderung.« (BB, 134) Da Großaufnahmen die gewohnten Handlungsverkettungen zum Innehalten zwingen, laden sie den Film affektiv auf: »Was ihn ausdrückt, ist ein Gesicht, das Äquivalent eines Gesichts [...] Man nennt Ikon das Ensemble von etwas Ausgedrücktem und seinem Ausdruck, von Affekt und Gesicht.« (BB, 136) Dem in Großaufnahme Präsentierten verleihen sie, auch wenn es sich um nicht-anthropomorphe Dinge handelt, »Gesichtlichkeit«, wobei Deleuze wiederum zwei Typen von Gesichtern unterscheidet: solche »mit starkem Ausdrucksgehalt, wenn die Gesichtszüge sich vom Umriss freimachen« (BB, 126), wie exemplarisch bei Eisenstein, und das »reflexive oder reflektierende Gesicht, sobald sich die Gesichtszüge um einen feststehenden Gedanken gesammelt haben, aber unberührt, ohne Entwicklung, in gewisser Weise ewig bleiben« (BB, 126), wie häufig bei Griffith. Dabei liegt das Paradoxe der Gesichtsbilder darin, dass sie in ihrer Aufblähung des Gesichts dessen »ahumane« Züge, dessen abstrakten Charakter sichtbar werden lassen und darin das persönliche Gesicht tendenziell dekonstruieren: »Die Großaufnahme des Gesichts ist das Angesicht (*la face*) und seine Auslöschung (*effacement*) zugleich.« (BB, 140) In der Großaufnahme stellen sich neue Raumverhältnisse und neue Beziehungen zwischen Vorder- und Hintergrund ein, wird der abgebildete Raum tendenziell flächig, weshalb Deleuze von »beliebigen Räumen« oder »Raum-Zeiten« mit taktilen Qualitäten spricht. Davon ausgehend zeichnet er unterschiedliche Gegebenheitsweisen solch beliebiger Räume in der gesamten Filmgeschichte nach, die durch fragmentierende Einstellungen wie bei Bresson, durch Entgeometrisierung des Filmraums in Licht-Schatten-Kontrasten wie im deutschen Expressionismus, durch Lichtmodulationen wie in der »poetischen Abstraktion« eines

Sternberg oder durch Farbabsorption wie bei Antonioni hervorgebracht sein können.

In der Erörterung des Aktionsbilds wird Deleuzes Herkunft aus dem Strukturalismus noch einmal deutlich, da er dieses im Hinblick auf seine topologischen Stereotypen diskutiert: »Das Aktionsbild ist strukturaler Art, denn die Plätze und Elemente sind in ihren Oppositionen und Komplementaritäten wohldefiniert.« (BB, 206) Unterschiede zwischen Aktionsbildern gebe es vor allem hinsichtlich der Dominanz der Aktion oder der Situation. Er unterscheidet von daher eine »große Form«, in welcher sich Milieus »unmittelbar in bestimmten, geographischen, historischen und sozialen Raum-Zeit-Einheiten« (BB, 193) aktualisieren, von der »kleinen Form«, in welcher eine Handlung zu bestimmten neuen Situationen führt. Zusätzlich unterscheiden sich Aktionsbilder im Hinblick darauf, ob sie am Ende die Ausgangssituation wieder herstellen oder die Situation modifizieren. Die große Form begegnet vorzugsweise in Monumentalfilmen, in Western oder in den Burlesken Buster Keatons: »Der Held gleicht einem winzigen Punkt, umgeben von einem überdimensionalen, katastrophischen Milieu in einem sich wandelnden Raum.« (BB, 234) Aber auch die »Atemräume« von Kurosawa zählen zur großen Form. Im Gegensatz zur globalen Repräsentation der großen Form tritt die kleine Form als elliptische Wiedergabe lokaler Ereignisse auf. Sie kommt ebenso in den Gesellschaftskomödien von Lubitsch, in den Burlesken Chaplins wie in den Detektivfilmen von Howard Hawks zu sich. Innerhalb des japanischen Films findet sie Einlösungen bei Mizoguchi und Ozu.

Mit dem Zweiten Weltkrieg und seiner Zerstörung nationaler und biographischer Einheiten und psychischer Gewissheiten vollzieht sich für Deleuze der entscheidende Umbruch, der den Wechsel vom Bewegungs-Bild zum Zeit-Bild erzwingt und mit einer »Krise des Aktionsbilds« beginnt. Das »binomische« Aktionsbild öffnet sich nun auf eine »Drittheit«, worunter die Instanz des Zuschauers zu verstehen ist: Hitchcock verleiht den Filmbildern dank seiner Suspense-Technik eine mentale Dimension. »So erscheint Hitchcock in der Geschichte des Films als derjenige, der die Entstehung eines Films nicht mehr nur als Funktion zweier Glieder – des Regisseurs und des entstehenden Films – betrachtet, sondern in Abhängigkeit von drei Faktoren: des Regisseurs, des Films und des Publikums, [...] dessen Reaktionen zum integralen Bestandteil des Films werden.« (BB, 270) Der letzte entscheidende Schritt hin zum Zeit-Bild vollzieht sich nun aber dadurch, dass der Zuschauer nicht mehr nur als imaginierende Instanz in das Filmgeschehen eingebunden wird, sondern als Alter Ego im Filmbild selbst erscheint: Angesichts des Kahlschlags des Krieges verwandelt sich der Protagonist in einen reinen Schauenden, in einen Betrachter der Welt, der zur Handlung unfähig geworden ist. In Rossellinis *Germania Anno Zero* blickt der jugendliche Protagonist auf die Ruinen des zerbombten Berlin und geht ob der Unerträglichkeit der Situation am Ende in den Tod. Die Gesamtsituation präsentiert sich als so rätselhaft oder desaströs, dass Aktionen allenfalls als Reaktionen auf das Unerträgliche aufkommen. In der erzwungenen Außerkraftsetzung gewohnter Verhaltensweisen wird dafür die Zeit selbst zur Ansicht gebracht.

Mit dem französischen Filmtheoretiker André Bazin eröffnet Deleuze den zweiten Band seiner filmtheoretischen Überlegungen, *Cinéma 2. L'Image-Temps* (1985)/*Das Zeit-Bild. Kino 2.* Mit ihm geht er davon aus, dass das Kino der Nachkriegszeit eine neue, bislang nicht dagewesene Haltung zur Realität einnimmt: »Statt ein bereits dechiffriertes Reales zu präsentieren, meine der Neorealismus ein zu dechiffrierendes und stets zweideutiges Reales; aus diesem Grund trete die Plansequenz zunehmend an die Stelle der Montage von Repräsentationen. Der Neorealismus erfand demnach einen neuen Bildtypus, für den Bazin die Bezeichnung ›Tatsachen-Bild‹ vorschlug.« (ZB, 11). Dank seines suchenden Realitätsbezugs findet das neue Kino zu formalästhetischen Innovationen, durchbricht nicht mehr nur im Affektbild das Reiz-Reaktionsschema und die gewohnten Bildverkettungen, sondern problematisiert die Bildproduktion selbst, versetzt den gesamten Film in eine Position reinen Schauens, in welcher das Unerträgliche und Unfassbare der neuen Situation ausgestellt wird: »Ein Kennzeichen des Neorealismus ist gerade das Anwachsen rein optischer Situationen (und auch akustischer, wenngleich in den Anfängen des Neorealismus der Synchronton noch nicht vorhanden war), die sich von den sensomotorischen Situationen des Aktions-Bildes im frühen Realismus wesentlich unterscheiden.« (ZB, 13) An die Stelle stereotyper Handlungsabläufe treten Verschiebungen der Personen im Raum, an die Stelle objektivierender Abbilder kontingente visuelle Beschreibungen: »Wir haben es in der Tat mit einem Unbestimmbarkeits- und Ununterscheidbarkeitsprinzip zu tun: man weiß nicht mehr, was imaginär und real, körperlich oder mental in der Situation ist.« (ZB, 19) Der Film begreift sich nicht länger als Wiedergabe filmvorgängiger Gegebenheiten, sondern als Realitätsproduzent, der den Außenraum mitkonstruiert: »Das ›Off‹ verschwindet tendenziell zugunsten einer Differenz zwischen Gesehenem und Gehörtem, einer Differenz, die konstitutiv für das Bild ist. Es gibt kein *hors-champ* mehr. Das Außerhalb des Bildes wird durch den Zwischenraum zwischen den beiden Kadrierungen ersetzt.« (ZB, 235) In diesen neuen Räumen erblickt Deleuze schließlich späte Einlösungen dessen, was der Mathematiker Bernhard Riemann Mitte des 19. Jahrhunderts als »mannigfaltige Räume mit n-Dimensionen« errechnet hat:

»In diesem Sinn kann man vom Riemannschen Raum bei Bresson, im Neorealismus, in der *nouvelle vague* und in der New Yorker Schule sprechen; von Quantenräumen bei Robbe-Grillet, von Wahrscheinlichkeitsräumen und topologischen Räumen bei Resnais, von kristallisierten Räumen bei Herzog und Tarkovskij. Wir sprechen beispielsweise von einem Riemannschen Raum, wenn die Anschlüsse der Teile nicht im voraus determiniert sind, sondern sich auf verschiedene Art und Weise herstellen können; es handelt sich dann um einen abgetrennten, rein optischen, akustischen oder auch taktilen Raum. Ebenso gibt es die leeren und amorphen Räume, die, wie bei Ozu oder Antonioni, ihre euklidischen Koordinaten verlieren.« (ZB, 172)

Die Zeit ist nicht mehr das Maß der Bewegung, sondern die Bewegung wird zu einer der Perspektiven der Zeit: »Sie lässt ein regelrechtes Kino der Zeit mit einer neuen Montagekonzeption und neuen Montageformen entstehen« (ZB, 37). Eine neue »Analytik des Bildes« bringt neue Sequenzaufgliederungen hervor; die Beschreibung des Filmraums folgt aus der Kombination unabhängiger Opto- und Sonozeichen, aber auch aus einer bislang unbekannten Kameraautonomie: »Dieses Kamera-Bewusstsein stellt Fragen, formuliert Antworten, führt zu Einwänden und Provokationen, bildet Theoreme, Hypothesen und Experimente [...] entsprechend den geistigen Funktionen eines *cinéma-vérité*.« (ZB, 38) Tati verwandelt die Burleske, Godard das Aktionsbild in optisch-sonore Situationen, Fellini und Rivette bringen mittels »sympathetischem Subjektivismus«, Antonioni oder Godard mittels »kritischem Objektivismus« andere Realitäten hervor.

Im Kapitel »Zeitkristalle« wird die Selbstreflexion der Zeit schließlich am pointiertesten vorgeführt: Das kristalline Filmbild wird als eines bestimmt, das seine aktuelle und virtuelle Doppelseitigkeit ausstellt und fortgesetzt ineinander übergehen lässt: »Es ist, als ob ein Spiegelbild, ein Photo oder eine Postkarte ein Eigenleben gewönne, unabhängig würde und ins Aktuelle überginge, dann aber, sobald das aktuelle Bild im Spiegel wiederkehrte, wieder seinen Platz auf der Postkarte oder dem Photo annähme, also einer doppelten Bewegung von Befreiung und Verhaftung folgte.« (ZB, 96 f.) Diese immanenten Reflexionen kennen größere oder kleinere Kreisläufe, wobei Deleuze die Aktualisierung von Erinnerungs- und Traumbildern nicht für das »tiefste« Verfahren hält. Adäquatere Verfahren erblickt er in der Selbstthematisierung des Aufnahmeprozesses wie bereits in Dsiga Vertovs *Mann mit der Kamera* oder Buster Keatons *Camera Man*, in Filmdramaturgien, die den Prozess ihrer Genese wiederholen wie in Fellinis *8 ½* oder Truffauts *La nuit américaine.* Am deutlichsten wird die Revirtualisierung des Filmbildes allerdings in spiegelbildlichen Brechungsverfahren wie in Resnais' *L'année dernière à Marienbad*, in Orson Welles' *Lady from Shanghai* oder in Herzogs *Herz aus Kristall.* In diesen bildlichen Selbstreflexionen gibt sich schließlich die Zeit selbst zu sehen, wird das Werden und Vergehen als solches anschaubar: »Das Kristallbild ist der Punkt der Ununterscheidbarkeit zwischen den beiden Bildern, dem aktuellen und dem virtuellen, während dasjenige, was man im Kristall sieht, die Zeit selbst, ein geringer Teil der Zeit in reinem Zustand« ist (ZB, 112). Diesen Zeit-Bildern gelingt es nicht nur, »Vergangenheitsschichten« zu aktualisieren, sondern – wie Proust – zur reinen Vergangenheit vorzudringen und »die innere Qualität des in der Zeit Werdenden« (ZB, 351) vorzustellen. Die zeitliche Vervielfältigung mittels »Chronozeichen«, bildimmanenter Brechungsverfahren und unmittelbarer Zeitpräsentationen, mittels »Dekadrierungen«, falscher Anschlüsse, unabhängiger Schnitte oder Modi der Zeitdehnung und -raffung bringt achronologische und chronische Zeiten hervor, Zeiten, die sich vertikalisieren, Tableaus ausbilden und damit zu neuen Denkspitzen gelangen, worin Deleuze den Wert jeglicher Artikulation erblickt.

Daher verbindet er mit dem Film die Hoffnung, nach Verlust des Glaubens an Gott und den Menschen einen neuen Glauben an die Welt zurückzuerstatten: »Allein der Glaube vermag den Menschen an das zurückzubinden, was er sieht und hört. Von daher ist es notwendig, dass das Kino nicht die Welt filmt, sondern den Glauben an die Welt, unser einziges Band.« (ZB, 224) In diesem Sinn lässt er Rossellini sagen: »Je weniger menschlich die Welt ist, desto mehr kommt es dem Künstler zu, an die Beziehung zwischen Mensch und Welt zu glauben und die anderen zu diesem Glauben zu veranlassen.« (ZB, 223) Im Gegensatz zu Kracauer erblickt er die Möglichkeit der Glaubensstiftung jedoch weniger in der »Errettung der äußeren Wirklichkeit« als im (De)Konstruktiven, in der Decodierung der auswendigen Bilder, in der Sichtbarmachung von etwas *in* ihnen, im Figuralen, das in keiner Figuration aufgeht, sondern auf ein Außen, auf jene virtuellen Größen von zeitlicher Unendlichkeit, Bild und Bewegung an sich verweist. Selbst das ethnographisch-dokumentarische Kino eines Jean Rouch kennt Bewegungen im Grenzbereich von Realem und Imaginärem und lässt Realität aus »Fabulierungen« entstehen.

In Deleuzes Glauben an das Kino und seine »Lebensmächtigkeit« bleibt aber auch bis zuletzt jene Gesellschaftskritik hörbar, wie sie insbesondere Pasolinis und Godards Filmemachen bestimmt: jener Glaube, dass Bilder nicht nur die Welt ebenso vielfältig wie Buchstaben erschließen, sondern in zeitbildlichen und irritierenden Kinematografien alles Stereotype zerstören und damit den Zuschauer aus rezeptiver Abrichtung und emotionaler Unterwerfung befreien. Dem Zeit-Bild wird die Potenz zuerkannt, neue Völker und neue Zeit-Räume hervorzubringen, neue Gemeinschaften zu erfinden in der »Vervielfältigung der Emotion, der Befreiung der Emotion, der Erfindung neuer Emotionen« (ZB, 269). Im Zeit-Bild entdeckt Deleuze zuletzt jene Einbildungskraft, jene Potenz der Phantasie wieder, die er zu Beginn mit Hume als Differentiant der Vermögen und als »moralischen Schematismus« zu profilieren suchte, weil dank seiner Intra(in)dividuelles offengelegt wird. Ob der Zeitdiversifizierung adelt er das Zeit-Bild als visionäre Kunst, die wie keine andere das Kommende imaginiert und Zukunft möglich werden lässt.

Anhang

Anmerkungen

Einleitung

1 Slavoj Zizek, *Sehr innig und nicht zu rasch. Zwei Essays über sexuelle Differenz als philosophische Kategorie*, Wien 1999, S. 10.
2 Vgl. Michel Foucault, »Theatrum philosophicum«, in: Gilles Deleuze/ Félix Guattari, *Der Faden ist gerissen*, Berlin 1977, S. 21-58.
3 Reda Bensmaia, Gilles Deleuze ou comment devenir un Stalker en Philosophie?, in: Lendemains 53, Berlin 1989, S. 7.
4 Diese Taktik des Verschweigens stellte sich in Folge der Rezeption des *Anti-Ödipus* durch den Philosophen Manfred Frank ein, der in »Die Welt als Wunsch und Repräsentation oder: Gegen ein anarcho-strukturalistisches Zeitalter«, in: *Das Sagbare und das Unsagbare. Studien zur deutsch-französischen Hermeneutik und Texttheorie*, Frankfurt a.M. 1989, S. 561-573, den »anarcho-strukturalistischen« Ansatz der Autoren in die Nähe zu konservativen Vitalismustheorien der Vorkriegszeit bringt, dem Verdacht des Irrationalismus und der Gegenaufklärung aussetzt und darin den allgemeinen universitären Vorbehalt gegen dieses »wilde Denken« artikuliert. Seitdem schwebt über ihren Schriften das Verdikt des »Postmodernismus«, das sie in eine Reihe mit Theoretikern wie Baudrillard und Virilio rückt. Für Jürgen Habermas' *Philosophischen Diskurs der Moderne* existieren die Autoren, neben Foucault und anderen, nicht.
5 Hans Robert Jauß, *Zeit und Erinnerung in Marcel Prousts »A la recherche du temps perdu«*, Heidelberg 1955 und die 1986 angefügte Erörterung neuerer wissenschaftlicher Ansätze, S. 363.
6 Rainer Warning, Vergessen, Verdrängen und Erinnern in Prousts A la recherche du temps perdu, in: *Memoria, Vergessen und Erinnern* (Poetik und Hermeneutik 15), hg. v. Anselm Haverkamp und Renate Lachmann, München 1993, S. 160-194.

7 Wolfgang Welsch, *Unsere postmoderne Moderne*, Weinheim 1988, S. 141 f.

8 Vgl. Bernhard Taureck, *Französische Philosophie im 20. Jahrhundert*, Hamburg 1988.

9 Vgl. Christoph Tholen, *Schizo-Schleichwege. Beiträge zum Anti-Ödipus*, Bremen 1981; Thomas Lange, Die Ordnung des Begehrens, Bielefeld 1989.

10 Vgl. Mirjam Schaub, *Deleuze im Wunderland*, München 2002.

11 Vgl. Friedrich Balke/Joseph Vogl, *Fluchtlinien der Philosophie*, München 1996.

12 Vgl. Stephan Hesper, *Schreiben ohne Text. Die prozessuale Ästhetik von Gilles Deleuze und Félix Guattari*, Opladen 1994; Mirjam Schaub, *Deleuze im Kino*, München 2002.

13 Ingo Zechner, *Der Gesang des Werdens*, München 2003.

14 Michaela Ott, *Vom Mimen zum Nomaden. Lektüren des Literarischen im Werk von Gilles Deleuze*, Wien 1998.

15 Stephan Günzel, *Immanenz. Zum Philosophiebegriff von Gilles Deleuze*, Essen 1998.

16 Wolfgang Langer, *Gilles Deleuze. Kritik und Immanenz*, Berlin 2003.

17 Mirjam Schaub, *Deleuze im Wunderland*, München 2002; Mirjam Schaub, *Deleuze im Kino*, München 2002.

18 Marc Rölli, *Gilles Deleuze. Philosophie des transzendentalen Empirismus*, Wien 2003.

19 Ders. (Hg.), *Ereignis auf Französisch. Von Bergson bis Deleuze*, München 2004.

20 Gilles Deleuze, *Das Zeit-Bild. Kino 2*, übers. v. K. Englert, Frankfurt a.M. 1991, S. 358.

21 Ders./Félix Guattari, *Qu'est-ce que la philosophie?*, Paris 1991; *Was ist Philosophie?*, übers. v. Bernd Schwibs und Joseph Vogl, Frankfurt a.M. 1996.

22 Vgl. ders., *Différence et répétition*, Paris 1968; *Differenz und Wiederholung*, übers. v. Joseph Vogl, München 1992.

Erstes Kapitel

1 Vgl. Gilles Deleuze/Félix Guattari, *Qu'est-ce que la philosophie?*, Paris 1991; *Was ist Philosophie?*, übers. v. Bernd Schwibs und Joseph Vogl, Frankfurt a.M. 1996.
2 Sigmund Freud, »Das Unbewusste«, in: *Psychologie des Unbewußten*, Frankfurt a.M. 1975, S. 145-146.
3 Gilles Deleuze, L'immanence: une vie, in: Philosophie 47, Paris, 1.9.1995; Die Immanenz: Ein Leben, in: Joseph Vogl/Friedrich Balke, *Gilles Deleuze - Fluchtlinien der Philosophie*, München 1996, S. 29-33.
4 Vgl. ders., Michel Tournier und die Welt ohne anderen, in: Logik des Sinns, übers. v. Bernhard Dieckmann, Frankfurt a.M. 1993, S. 364-385.
5 Ders., Portrait du philosophe en spectateur, in: *Deux régimes de fous*, Paris 2003, S. 197.

Zweites Kapitel

1 Gilles Deleuze, *Empirisme et subjectivité. Essai sur la nature humaine selon Hume*, Paris 1953; David Hume, übers. v. Peter Geble und Martin Weinmann, Frankfurt a.M./New York 1997.
2 Vgl. ders., *Unterhandlungen, 1972-1990*, übers. v. Gustav Roßler, Frankfurt a.M. 1993, S. 15.
3 Ders., Über vier Dichterformeln, die die Philosophie Kants zusammenfassen könnten, in: *Kritik und Klinik*, übers. v. Joseph Vogl, Frankfurt a.M. 2000, S. 42.
4 Ebd., S. 50.
5 Ebd., S. 51.
6 Ebd., S. 51.
7 Ders., *Nietzsche et la philosophie*, Paris 1962; *Nietzsche und die Philosophie*, übers. v. Bernd Schwibs, München 1976.
8 Ders., *Le bergsonisme*, Paris 1966; *Henri Bergson. Zur Einführung*, Hamburg 1989.
9 Ders., *Spinoza et le problème de l'expression*, Paris 1968; *Spinoza und das Problem des Ausdrucks in der Philosophie*, übers. v. Ulrich Johannes Schneider, München 1993.

10 Ders., *Différence et répétition*, Paris 1967; *Differenz und Wiederholung*, übers. v. Joseph Vogl, München 1992.
11 Ders., Préface à l'édition américaine, in: *Deux régimes de fous*, Paris 2003, S. 280 ff.
12 Ders., *Logique du sens*, Paris 1969; *Logik des Sinns*, übers. v. Bernhard Dieckmann, Frankfurt a.M. 1993.
13 Ders., *Porzellan und Vulkan*, übers. v. Michaela Ott, Berlin 1983.

Drittes Kapitel

1 Gilles Deleuze, *Proust et les signes*, Paris 1973; *Proust und die Zeichen*, übers. v. Henriette Beese, München 1977.
2 Um hier nur zwei Autoren dieser umfassenden Diskussion zu nennen: Hans Robert Jauß, *Zeit und Erinnerung in Marcel Prousts »A la recherche du temps perdu«*, Heidelberg 1955; Rainer Warning, Vergessen, Verdrängen und Erinnern in Prousts A la recherche du temps perdu, in: *Memoria, Vergessen und Erinnern* (Poetik und Hermeneutik 15), hg. v. Anselm Haverkamp und Renate Lachmann, München 1993, S. 160-194.
3 Sigmund Freud, Jenseits des Lustprinzips (1920), in: *Psychologie des Unbewußten*, Studienausgabe Bd. III, Frankfurt a.M. 1975, S. 264.
4 Gilles Deleuze, *Kritik und Klinik*, übers. v. Joseph Vogl, Frankfurt a.M. 1998.
5 Jacques Lacan, *Le séminaire. Livre VII. L'éthique de la psychanalyse*, Paris 1986, S. 281.
6 Gilles Deleuze, Présentation de Sacher-Masoch, in: Leopold von Sacher-Masoch, *Venus dans la fourrure*, Paris 1967.
7 Ders./Félix Guattari, *Kafka. Pour une littérature mineure*, Paris 1975; *Kafka. Für eine kleine Literatur*, übers. v. Burkhart Kroeber, Frankfurt a.M. 1976.
8 Ders., »Jean Hippolyte, Logique et Existence«, in: *L'île déserte et autres textes*, Paris 2003, S. 18-23.
9 Ders., »Bartleby, ou la formule«, in: *Critique et Clinique*, Paris 1993, S. 89-114.

Viertes Kapitel

1 Vgl. Michaela Ott, *Vom Mimen zum Nomaden: Lektüren des Literarischen im Werk von Gilles Deleuze*, Wien 1998.
2 Gilles Deleuze, *Pourparlers 1972-1990*, Paris 1990; *Unterhandlungen*, übers. v. Gustav Roßler, Frankfurt a.M. 1993.
3 Ders., *L'Anti-Oedipe. Capitalisme et schizophrénie, Paris 1972; Anti-Ödipus. Kapitalismus und Schizophrenie*, übers. v. Bernd Schwibs, Frankfurt a.M. 1977.
4 Ders., *Dialogues*, Paris 1977; *Dialoge mit Claire Parnet*, übers. v. Bernd Schwibs, Frankfurt a.M. 1980.
5 Ders./Félix Guattari, *Mille Plateaux*, Paris 1980; *Tausend Plateaus*, übers. von Ronald Vouillé und Gabriele Ricke, Berlin 1992.
6 Ders., *Deux régimes de fous*, hg. v. David Lapoujade, Paris 2003, S. 162-166.
7 Ders., *Spinoza. Philosophie pratique*, Paris 1981; *Spinoza. Praktische Philosophie*, Berlin 1988.
8 Ders., *Spinoza et le problème de l'expression*, Paris 1968; *Spinoza und das Problem des Ausdrucks in der Philosophie*, übers. v. Ulrich Johannes Schneider, München 1993.
9 Ders., *Le Pli. Leibniz et le Baroque*, Paris 1988; *Die Falte. Leibniz und der Barock*, übers. v. Ulrich Johannes Schneider, Frankfurt a.M. 1995.
10 Ders., *Foucault*, Paris 1986; übers. v. Herbert Kocyba, Frankfurt a.M. 1987.

Fünftes Kapitel

1 Gilles Deleuze, Le Cerveau, c'est l'écran, in: *Deux régimes de fous*, Paris 2003 S. 264 f.
2 Ders., Cinéma-1, Première, in: *Deux régimes de fous*, Paris 2003, S. 194.
3 Ders., *Cinéma 1. L'image-Mouvement*, Paris 1983; *Das Bewegungs-Bild. Kino 1*, übers. v. Ulrich Christians und Ulrike Bokelmann, Frankfurt a.M. 1989; Gilles Deleuze, *Cinéma 2. L'image-Temps*, Paris 1985; *Das Zeit-Bild. Kino 2*, übers. v. Klaus Englert, Frankfurt a.M. 1991.

Literatur

Schriften von Gilles Deleuze (Siglen)

»Bartleby, ou la formule«, in: *Critique et Clinique*, Paris: Ed. de Minuit, 1993; *Bartleby oder die Formel*, übers. v. Bernhard Dieckmann, Berlin 1994.

Le bergsonisme, Paris 1966; *Henri Bergson. Zur Einführung*, Hamburg 1989. (HB)

Le Cerveau, c'est l'écran, in: *Deux régimes de fous*, S. 263-271.

Cinéma-1, Première, in: *Deux régimes de fous*, S. 194-196.

Cinéma 1. L'image-Mouvement, Paris 1983; *Das Bewegungs-Bild. Kino 1*, übers. v. Ulrich Christians und Ulrike Bokelmann, Frankfurt a.M. 1989. (BB)

Cinéma 2. L'image-Temps 1985; *Das Zeit-Bild. Kino 2*, übers. v. Klaus Englert, Frankfurt a.M. 1991. (ZB)

Critique et Clinique, Paris 1993; *Kritik und Klinik*, übers. v. Joseph Vogl, Frankfurt a.M. 1998. (CC)

Deux régimes de fous, hg. v. David Lapoujade, Paris 2003.

Dialogues, Paris 1977; *Dialoge mit Claire Parnet*, übers. v. Bernd Schwibs, Frankfurt a.M. 1980. (Dia)

Différence et répétition, Paris 1967; *Differenz und Wiederholung*, übers. v. Joseph Vogl, München 1992. (DW)

Empirisme et subjectivité, Paris 1953; *David Hume*, übers. v. Peter Geble und Martin Weinmann, Frankfurt a.M./New York 1997. (H)

Foucault, Paris 1986; *Foucault*, übers. v. Hermann Kocyba, Frankfurt a.M. 1987. (F)

Le Cerveau, c'est l'écran, in: *Deux régimes de fous*, S. 263-271.

Francis Bacon. Logique de la sensation, Paris 1981; *Francis Bacon. Logik der Sensation*, übers. v. Joseph Vogl, München 1995. (FB)

L'île déserte et autres textes, Paris 2003; *Die einsame Insel. Texte und Gespräche von 1953-1974*, übers. v. Eva Moldenhauer, Frankfurt a.M. 2003.

L'immanence: une vie, in: *Deux régimes de fous*, Paris 2003, S. 359-364; Die Immanenz: Ein Leben, in: Joseph Vogl/Friedrich Balke, *Gilles Deleuze – Fluchtlinien der Philosophie*, München 1996, S. 29-33.

Jean Hippolyte. Logique et Existence, in: *L'île déserte et autres textes*, Paris 2003, S. 18-23.

mit Félix Guattari, *Kafka. Pour une littérature mineure*, Paris 1975; *Kafka. Für eine kleine Literatur*, übers. v. Burkhart Kroeber, Frankfurt a.M. 1976. (K)

mit Claire Parnet, *L'Abécédaire* (3 Videos), Paris 1996.

mit Félix Guattari, *L'Anti-Oedipe. Capitalisme et schizophrénie*, Paris 1972; *Anti-Ödipus. Kapitalismus und Schizophrenie*, übers. v. Bernd Schwibs, Frankfurt a.M. 1977. (AÖ)

Le Pli. Leibniz et le Baroque, Paris 1988, *Die Falte. Leibniz und der Barock*, übers. v. Ulrich Johannes Schneider, Frankfurt a.M. 1995. (L)

Logique du sens, Paris 1969; *Logik des Sinns*, übers. v. Bernhard Dieckmann, Frankfurt a.M. 1993. (LS)

mit Félix Guattari, *Mille Plateaux*, Paris 1980; *Tausend Plateaus*, übers. v. Ronald Vouillé und Gabriele Ricke, Berlin 1992. (TP)

Nietzsche et la philosophie, Paris 1962; *Nietzsche und die Philosophie*, übers. v. Bernd Schwibs, München 1976. (N)

Porzellan und Vulkan, übers. v. Michaela Ott, Berlin 1983.

Proust et les signes, Paris 1973; *Proust und die Zeichen*, übers. v. Henriette Beese, München 1977. (P)

Pourparlers 1972-1990, Paris 1990; *Unterhandlungen 1972-1990*, übers. v. Gustav Roßler, Frankfurt a.M. 1993. (U)

mit Félix Guattari, *Qu'est-ce que la philosophie?*, Paris 1991; *Was ist Philosophie?*, übers. v. Bernd Schwibs und Joseph Vogl, Frankfurt a.M. 1996. (Qu)

Présentation de Sacher-Masoch, in: Sacher-Masoch, *Venus dans la fourrure*, Paris 1967; Sacher-Masoch und der Masochismus, übers. v. Gertrud Müller, in: Sacher-Masoch, *Venus im Pelz*, Frankfurt a.M. 1980. (SM)

Spinoza et le problème de l'expression, Paris 1968; *Spinoza und das Problem des Ausdrucks in der Philosophie*, übers. v. Ulrich Johannes Schneider, München 1993. (S)

Spinoza. Philosophie pratique, Paris 1981; *Spinoza. Praktische Philosophie*, übers. v. Hedwig Linden, Berlin 1988. (SPP)

Woran erkennt man den Strukturalismus?, übers. v. Eva Brückner-Pfaffenberger und D. Watts Tuckwiller, Berlin 1992. (Str)

Über vier Dichterformeln, die die Philosophie Kants zusammenfassen könnten, in: *Kritik und Klinik*, übers. v. Joseph Vogl, Frankfurt a.M. 2000, S. 42.

Schriften zu Gilles Deleuze

Alliez, Eric (Hg.), *Biographien des organlosen Körpers*, Wien 2003.

Andermann, Kerstin, *Spielräume der Erfahrung: Kritik der transzendentalen Konstitution bei Merleau-Ponty, Deleuze und Schmitz*, Paderborn/München 2007.

Ansell-Pearson, Keith, *Germinal life: the difference and repetition of Deleuze*, London u.a. 1999.

Antonioli, Manola, *Gilles Deleuze, Félix Guattari et le politique*, Paris 2006.

Badiou, Alain, *Deleuze: »Das Geschrei des Seins«*, Zürich/Berlin 2003.

Balke, Friedrich (Hg.), *Gilles Deleuze – Fluchtlinien der Philosophie*, München 1996.

Balke, Friedrich, *Gilles Deleuze*, Frankfurt/Main/New York 1998.

Ballantyne, Andrew, *Deleuze and Guattari for architects*, London/New York 2007.

Beaulieu, Alain, *Deleuze et la phénoménologie*, Lille 2004.

Bloois, Joost de (Hg.), *Discern(e)ments: Deleuzian aesthetics / esthétiques deleuziennes*, Amsterdam u.a. 2004.

Böhler, Arno, *Unterwegs zu einer Sprache der Freundschaft: DisTanzen: Nietzsche - Deleuze – Derrida*, Wien 2000.

Bogue, Ronald, *Deleuze and Guattari*, London u.a. 1989.

Bogue, Ronald, *Deleuze on cinema*, New York 2003.

Boundas, Constantin V. (Hg.), *Gilles Deleuze and the theater of philosophy*, New York u.a. 1994.
Boutang, Pierre-André [Regie], *Deleuze Abécédaire: Gilles Deleuze von A bis Z*, Berlin u.a. 2009.
Buchanan, Ian (Hg.), *Deleuze and feminist theory*, Edinburgh 2000.
Buchanan, Ian (Hg.), *Deleuze and space*, Edinburgh 2005.
Buchanan, Ian (Hg.), *Deleuze and politics*, Edinburgh 2008.
Büttner, Elisabeth, *Projektion, Montage, Politik: die Praxis der Ideen von Jean-Luc Godard (Ici et ailleurs) und Gilles Deleuze (Cinéma 2, L'image-temps)*, Wien 1995.
Buydens, Mireille, Sahara, *L'esthétique de Gilles Deleuze*, Paris 1990.
Cauquelin, Anne (Hg.), *Ce que l'art fait à la philosophie: le cas Deleuze*, Paris 2004.
Cloots, André (Hg.), *Deleuze, Whitehead and the transformations of metaphysics*, Brussel 2005.
Colebrook, Claire, *Gilles Deleuze*, London u.a. 2002.
Colombat, André, *Deleuze et la littérature*, New York u.a. 1990.
Cull, Laura (Hg.), *Deleuze and performance*, Edinburgh 2009.
Cusset, François, *French theory: how Foucault, Derrida, Deleuze, & Co. transformed the intellectual life of the United States*, Minneapolis u.a. 2008.
De Bolle, Leen (Hg.), *Deleuze and pyschoanalysis: philosophical essays on Deleuze's debate with psychoanalysis*, Leuven 2010.
Dieck, Martin tom, *Neue Abenteuer des unglaublichen Orpheus: (Die Rückkehr von Deleuze)*, Zürich 2001.
Dowd, Garin, *Abstract machines: Samuel Beckett and philosophy after Deleuze and Guattari*, Amsterdam u.a. 2007.
Duffy, Simon, *The logic of expression: quality, quantity, and intensity in Spinoza, Hegel, and Deleuze*, Aldershot, Hants u.a. 2006.
Fahle, Oliver (Hg.), *Der Film bei Deleuze/Le cinéma selon Deleuze*, Weimar 1997.
Flaxman, Gregory (Hg.), *The brain is the screen: Deleuze and the philosophy of cinema*, Minneapolis 2000.
Friedrichs, Werner, *Passagen der Pädagogik: zur Fassung des pädagogischen Moments im Anschluss an Niklas Luhmann und Gilles Deleuze*, Bielefeld 2008.
Fuglsang, Martin (Hg.), *Deleuze and the social*, Edinburgh 2006.

Gelas, Bruno (Hg.), *Deleuze et les ecrivains. Littérature et philosophie*, Nantes 2007.
Gente, Peter (Hg.), *Deleuze und die Künste*, Frankfurt am Main 2007.
Goodchild, Philip, *Deleuze and Guattari: an introduction to the politics of desire*, London u.a. 1996.
Goodchild, Philip, *Gilles Deleuze and the question of philosophy*, Madison u.a. 1996.
Grant, Ian Hamilton, *Philosophies of nature after Schelling*, London u.a. 2006.
Grosz, Elizabeth, *Chaos, territory, art: Deleuze and the framing of the earth*, New York 2008.
Günzel, Stephan, *Immanenz: zum Philosophiebegriff von Gilles Deleuze*, Essen 1998.
Härle, Clemens-Carl (Hg.), *Karten zu »Tausend Plateaus«*, Berlin 1993.
Hallward, Peter, *Out of this world: Deleuze and the philosophy of creation*, London 2006.
Hardt, Michael, *Gilles Deleuze: an apprenticeship in philosophy*, Minneapolis u.a. 2002.
Hayden, Patrick, *Multiplicity and becoming: the pluralist empiricism of Gilles Deleuze*, New York/Berlin u.a. 1998.
Hesper, Stefan, *Schreiben ohne Text: die prozessuale Ästhetik von Gilles Deleuze und Félix Guattari*, Opladen 1994.
Heyer, Stefan, *Deleuzes & Guattaris Kunstkonzept: ein Wegweiser durch »Tausend Plateaus«*, Wien 2001.
Jäger, Christian, *Gilles Deleuze: eine Einführung*, München 1997.
Johansson, Anders, *Avhandling i litteraturvetenskap: Adorno, Deleuze och litteraturens möjligheter*, Göteborg 2003.
Jones, Graham (Hg.), *Deleuze's philosophical lineage*, Edinburgh 2009.
Kennedy, Barbara M., *Deleuze and cinema: the aesthetics of sensation*, Edinburgh 2000.
Kerslake, Christian, *Deleuze and the unconscious*, London 2007.
Kerslake, Christian, *Immanence and the vertigo and philosophy: from Kant to Deleuze*, Edinburgh 2008.
Khalfa, Jean, *Introduction to the philosophy of Gilles Deleuze*, London 2002.
Klossowski, Pierre, *Divertimento für Gilles Deleuze*, Berlin 2005.

Lange, Thomas, *Die Ordnung des Begehrens: nietzscheanische Aspekte im philosophischen Werk von Gilles Deleuze*, Bielefeld 1989.
Langer, Wolfgang, *Gilles Deleuze: Kritik und Immanenz*, Berlin 2003.
Laporte, Yann, *Gilles Deleuze, l'épreuve du temps*, Paris 2005.
Lawlor, Leonard, *Thinking through French philosophy: the being of the question*, Bloomington u.a. 2003.
Lenain, Thierry (Hg.), *L'image: Deleuze, Foucault, Lyotard*, Paris 1997.
Marrati-Guénoun, Paola, *Gilles Deleuze: cinema and philosophy*, Baltimore 2008.
Martin, Jean-Clet, *Variations. La philosophie de Gilles Deleuze*, Paris 1993.
Martin-Jones, David, *Deleuze, cinema and national identity: narrative time in national contexts*, Edinburgh 2006.
Massumi, Brian, *A user's guide to capitalism and schizophrenia: deviations from Deleuze and Guattari*, Cambridge, Mass. 1992.
May, Todd, *Gilles Deleuze, an introduction*, Cambridge, Mass. 2004.
Mengue, Philippe, *Gilles Deleuze ou Le système du multiple*, Paris 1994.
Nigianni, Chrysanthi (Hg.), *Deleuze and queer theory*, Edinburgh 2009.
Olkowski, Dorothea, *Gilles Deleuze and the ruin of representation*, Berkeley u.a. 1999.
Ott, Michaela, *Vom Mimen zum Nomaden: Lektüren des Literarischen im Werk von Gilles Deleuze*, Wien 1998.
Simon O'Sullivan, *Art encounters Deleuze and Guattari: thought beyond representation*, Basingstoke/New York 2006.
Parr, Adrian (Hg.), *The Deleuze dictionary*, Edinburgh 2005.
Patton, Paul, *Deleuze and the political*, London u.a. 2000.
Patton, Paul (Hg.), *Between Deleuze and Derrida*, London 2003.
Pisters, Patricia (Hg.), *Micropolitics of media culture: reading the rhizomes of Deleuze and Guattari*, Amsterdam 2001.
Pisters, Patricia, *The matrix of visual culture: working with Deleuze in film theory*, Stanford 2003.
Poster, Mark, *Deleuze and new technology*, Edinburgh 2009.
Powell, Anna, *Deleuze and horror film*, Edinburgh 2006.
Powell, Anna, *Deleuze, altered states and film*, Edinburgh 2007.
Rajchman, John, *The Deleuze connections*, Cambridge, Mass. 2001.
Rehmann, Jan, *Postmoderner Links-Nietzscheanismus: Deleuze & Foucault; eine Dekonstruktion*, Hamburg 2004.

Río Parra, Elena del, *Deleuze and the cinemas of performance: powers of affection*, Edinburgh 2008.

Rodowick, David Norman, *Gilles Deleuze's time machine*, Durham u.a. 1997.

Rodowick, David Norman, *Reading the figural, or, philosophy after the new media*, Durham u.a. 2001.

Rodowick, David, *Virtual life of film*, Cambridge, Mass. 2007.

Rölli, Marc: *Gilles Deleuze: Philosophie des transzendentalen Empirismus*, Wien 2003.

Rölli, Marc (Hg.), *Ereignis auf Französisch: von Bergson bis Deleuze*, München 2004.

Ruf, Simon, *Fluchtlinien der Kunst: Ästhetik, Macht, Leben bei Gilles Deleuze*, Würzburg 2003.

Salin, Sophie, *Kryptologie des Unbewußten: Nietzsche, Freud und Deleuze im Wunderland*, Würzburg 2008.

Sauvagnargues, Anne, *Deleuze et l'art*, Paris 2005.

Schaub, Mirjam, *Gilles Deleuze im Kino: das Sichtbare und das Sagbare*, München 2003.

Schaub, Mirjam, *Gilles Deleuze im Wunderland: Zeit- als Ereignisphilosophie*, München 2003.

Schmidgen, Henning, *Das Unbewußte der Maschinen: Konzeptionen des Psychischen bei Guattari, Deleuze und Lacan*, München 1997.

Schwab, Gabriele (Hg.), *Derrida, Deleuze, psychoanalysis*, New York 2008.

Shaw, Spencer, *Film consciousness: from phenomenology to Deleuze*, Jefferson, NC u.a. 2008.

Stingelin, Martin, *Das Netzwerk von Gilles Deleuze: Immanenz im Internet und auf Video*, Berlin 2000.

Stivale, Charles J., *The two-fold thought of Deleuze and Guattari: intersections and animations*, New York u.a. 1998.

Stivale, Charles J. (Hg.), *Gilles Deleuze: key concepts*, Chesham 2005.

Teschke, Henning, *Sprünge der Differenz: Literatur und Philosophie bei Deleuze*, Berlin 2008.

Uhlig, Ingo, *Poetologien des Ereignisses bei Gilles Deleuze*, Würzburg 2008.

Volland, Kerstin, *Zeitspieler: Inszenierungen des Temporalen bei Bergson, Deleuze und Lynch*, Wiesbaden 2009.

West-Pavlov, Russell, *Space in theory: Kristeva, Foucault, Deleuze*, Amsterdam u.a. 2009.

Williams, James, *Gilles Deleuze's logic of sense: a critical introduction and guide*, Edinburgh 2008.

Zamberlin, Mary Frances, *Rhizosphere: Gilles Deleuze and the »minor« American writings of William James, W.E.B. Du Bois, Gertrude Stein, Jean Toomer, and William Faulkner*, New York, NY u.a. 2006.

Stephen Zepke, *Art as abstract machine: ontology and esthetics in Deleuze and Guattari*, New York/London 2005.

Zizek, Slavoj, *Körperlose Organe: Bausteine für eine Begegnung zwischen Deleuze und Lacan*, Frankfurt am Main 2005.

Zourabichvili, François, *Deleuze, une philosophie de l'événement*, Paris 1994.

Zeittafel

1925	geboren am 18. Januar in Paris.
1944-1948	Studium der Philosophie an der Pariser Sorbonne, unter anderen bei Ferdinand Alquié, Georges Canguilhem und Jean Hippolyte; Bekanntschaft mit Francois Châtelet, Michel Butor, Claude Lanzmann und Michel Tournier.
1953	*Empirisme et Subjectitvité. Essai sur la nature humaine.*
1948	Aggrégation in Philosophie.
1948-1957	Philosophielehrer in Amiens, Orléans und Paris.
1957-1960	Hochschulassistent für Geschichte der Philosophie an der Sorbonne.
1960-1964	Mitarbeiter am CNRS.
1963	*La philosophie critique de Kant.*
1964-1969	Lehrbeauftragter an der philosophischen Fakultät von Lyon.
1968	Thèse d'Etat : *Différence et répétition* und *Spinoza et le problème de l'expression.*
1968	*Logique du sens*; Beginn der Zusammenarbeit mit Félix Guattari; Professor für Philosophie an der Sorbonne Nouvelle Paris VIII in Vincennes.
1969	Mitarbeit in der von Michel Foucault und Daniel Defert geleiteten Groupe d'Information sur les prisons (GIP).
1972	Mit Guattari: *L'Anti-Oedipe. Capitalisme et schizophrénie.*
1975	Mit Guattari: *Kafka – Pour une littérature mineure.*
1977	Mit Claire Parnet: *Dialogues.*
1980	Mit Guattari: *Mille Plateaux. Capitalisme et schizophrénie.*
1981-1985	*Francis Bacon. Logique de la sensation*; *Cinéma 1. L'image-Mouvement*; *Cinéma 2. L'image-Temps.*
1986	*Foucault.*
1988	*Le pli. Leibniz et le baroque*; *Péricles et Verdi.*
1991	Mit Guattari: *Qu'est-ce que la philosophie?*

1993 Aufsatzband *Critique et Clinique. L'immanence – une vie* in der Zeitschrift *Philosophie.*

1995 Freitod am 4. November.

Deleuze war verheiratet und hatte zwei Kinder.

Michaela Ott, Professorin für ästhetische Theorien an der Hochschule für bildende Künste Hamburg; Philosophin, Filmwissenschaftlerin und Übersetzerin aus dem Französischen. Wichtigste Veröffentlichungen: Vom Mimen zum Nomaden. Lektüren des Literarischen im Werk von Gilles Deleuze (Wien: Passagen 1998); »Raum« in: Ästhetische Grundbegriffe, Bd. 5, hg. v. K.-H. Barck u.a., S. 113-148 (Stuttgart: Metzler 2004); u.a. Hollywood. Phantasma/Symbolische Ordnung in Zeiten des Blockbuster-Films (München: text und kritik 2005); (Hg. mit D. Mersch), Kunst und Wissenschaft (München: Fink 2007); (Hg.), Ästhetik und Politik, Hamburg: materialverlag/textem-Verlag 2009; Affizierung. Zu einer ästhetisch-epistemischen Figur (München: text und kritik 2010).